中学青年教师专业成长探索

李 宁 著

中国海洋大学出版社

·青岛·

图书在版编目（CIP）数据

中学青年教师专业成长探索 / 李宁著 . —青岛：
中国海洋大学出版社，2018.8
ISBN 978-7-5670-1915-7

Ⅰ. ①中… Ⅱ. ①李… Ⅲ. ①中学－青年教师－师资
培养－研究－中国 Ⅳ. ①G635.12

中国版本图书馆 CIP 数据核字（2018）第 188005 号

出版发行	中国海洋大学出版社
社　　址	青岛市香港东路 23 号　　　　邮政编码　266071
出 版 人	杨立敏
网　　址	http://www.ouc-press.com
电子信箱	1922305382@qq.com
订购电话	0532－82032573（传真）
责任编辑	邵成军　　　　　　　　　电　　话　0532－85902533
印　　制	青岛国彩印刷有限公司
版　　次	2018 年 8 月第 1 版
印　　次	2018 年 8 月第 1 次印刷
成品尺寸	170 mm ×230 mm
印　　张	10.375
字　　数	170 千
印　　数	1—1 000
定　　价	30.00 元

前　言

这是个大家并不陌生的故事:老木匠的故事。

有个老木匠准备退休。他告诉老板,说要离开建筑行业,回家与妻儿享天伦之乐。

老板舍不得他的好工人走,问他是否能帮忙再建一座房子,老木匠说可以。但是大家后来都看得出来,他的心已不在工作上,他用的是软料,出的是粗活。房子建好的时候,老板把大门的钥匙递给他。

"这是你的房子,"老板说,"我送给你的礼物。"接过钥匙,老木匠震惊得目瞪口呆,羞愧得无地自容。如果他早知道是在给自己建房子,他又怎么会这样应付呢? 但人生没有"如果",命运不相信"假设",现在他只得住进这幢由自己打造的粗制滥造的房子里了!

故事很短,却让人深受启发。

我们要"为自己而工作"。这样一个简单的道理,却不是每个人都能了悟透彻的。我们看到,总有一些人对待工作漫不经心、得过且过,认为只是在为领导和单位而工作。等他们惊觉自己的处境,或许早已深困在自己建造的劣质"房子"里了。殊不知做工作就是在经营自己的生活啊!从长远来看,工作完全是为了自己,因为敬业的人能从工作中学得比别人更多的经验。工作中积攒的经验是自己最有价值的财富,它会帮助你在事业上突飞猛进。无论身在什么岗位,从事什么工作,拥有的工作经验都会派上用场。想成功就需要努力、坚持且敬业。如果你自认为敬业精神不够,那么请趁年轻的时候强迫自己敬业——以自己是主人翁的心态对待工作。种瓜得瓜,今天的工作态度,将决定你明天住进什么质量的"房子"。怎样对待工作,你就会拥有怎样的人生。

老木匠再怎么想从头来过,也已经没有机会了。而青年教师们的专业成长才刚刚开始。把自己当成那个木匠吧。想想你的房子,每天你敲进去一颗钉,加上去一块板,或者竖起一面墙,用你的智慧好好开拓属于自己的教师专业发展之路!

教师的个人专业成长一般分为三个方面:基于技术理性的教师专业发展、基于实践智慧的教师专业发展、基于教育生命的教师专业发展。

这三个方面孰轻孰重?

有这样的一个类比:一个硕大的广口瓶,装上鸡蛋大的鹅卵石,瓶内仍有大量的空间;再装进沙子,沙子很快将瓶子里剩下的空隙填满了;看起来已经很满的瓶子其实仍然能装进水。与我们的专业发展相对比,那些大石块就是我们最大的事情或者是最终的目标,沙子是除了终极目标以外的目标,而那些水或许就是零星的事情吧!至于瓶子,就是漫漫的教师专业发展的人生路了。把大石头、沙子、水有次序地放进去,那么我们的教育人生就会饱满。反之,不管错了哪个次序,都会本末倒置。如果不把大石块先放进去,也许就没有机会放大石块了。什么是教师发展的大石块呢?

基于技术理性、实践智慧、教育生命三个方面的教师专业发展中,最根本的一定是基于教育生命的专业成长。以人为本,是一切教育的出发点。但是在当今"学生为本""学生为中心""学生为主体"的口号和目标早已达成共识的时候,我们应该反思:教师要放在什么位置?李希贵老师举例说:"豪尔认为,当公司把员工放在第一位的时候,员工就会把顾客放在第一位。"同样,当学校把教师放在第一位的时候,教师也会把学生放在第一位。所以,这里所指的教育生命包括两个方面:教师和学生。并且,这两个方面相互影响,共同成长。

目　录

第一章　基于教育生命的教师专业发展 ………………………………… 1

第一节　做学生的服务者 ……………………………………………… 1

第二节　教师体验日"做一天学生"活动 ………………………… 3

第三节　为师之道,严爱为本 ……………………………………… 9

第四节　不忘初心,方得始终 ……………………………………… 13

第五节　过一种幸福的教育生活 ………………………………… 17

第六节　德育"盐"与故事"汤" ………………………………… 20

第七节　呵呵,学生又迟到了 ……………………………………… 23

第八节　这样也是一种教育 ………………………………………… 28

第九节　众人划桨开大船——班级学生自我管理的实验报告

………………………………………………………………………… 31

第二章　基于技术理性的教师专业发展 ………………………………… 38

第一节　课时学习目标的叙写方法 ……………………………… 38

第二节　"互联网＋"的教学设计研究——以化学元素化合物

教学为例 ………………………………………………………… 44

第三节　基于学科素养和学科特征的教学策略研究 ………… 56

第四节　基于教与学的有效性研究的听评课 ………………… 64

第五节　我们可以这样说课 ………………………………………… 75

第六节　试卷讲评课内翻转模式探究 …………………………… 93

　　　第七节　情景式教学法在课堂中的应用——以中学化学

　　　　　　情景式教学模式探究为例 ……………………………99

　　　第八节　基于学法指导的微课开发的思考 ………………… 103

　　　第九节　让反思成为教师职业生涯的一种习惯 …………… 112

第三章　基于实践智慧的教师专业发展 ……………………………… 119

　　第一节　80后青年教师成长的三个支撑点 ………………… 119

　　第二节　学科交叉,有机融合 ………………………………… 123

　　第三节　这样对学生进行考前指导 …………………………… 131

　　第四节　这样对学生进行考场观察 …………………………… 137

　　第五节　这样培养学生考后反思能力 ………………………… 143

参考文献 ……………………………………………………………… 155

第一章
基于教育生命的教师专业发展

第一节　做学生的服务者

学生观是指教师对学生的基本看法，它支配着教师的教育行为，决定着教师的工作态度和工作方式。很多教师没有意识到，某种微小的表情、细节的动作可以流露出内心的学生观。举例来说，教师面对学生时站立的姿势，尤其是手的位置，常有以下典型的三种，现在分别加以解读。

第一种，双手抱肩。教师采用这种姿势时，本意是想表达自信、庄重的一面，但是站在学生的立场上来看，感受到的可能更多的是威严和距离。

第二种，后背手。心理学对此是这样解读的：背手暗含"不想把手弄脏，所以把它搁置一边"的意思。这样的人通常是自信力非常强的人，喜欢控制和把握局势，控制一切。现实中一个人若采用这种姿势在别人面前，往往说明他怀有居高临下的心理。

第三种，双手前面交叉。这是很多服务行业的标准站姿，将双手相握或叠放于腹前。当教师面对学生采用这个姿势时，很容易让人联想到"谦和、喜悦、服务"等关键词。

"亲其师，信其道。"无意识中流露出来的教师的心态，对师生关系会产生潜移默化的影响。

很多青年教师有过这样的经历：入职伊始，常听老教师谆谆教导，新教师一定要能镇住学生，尤其对基础差、习惯没有养成的淘气学生；新教师一定要端起教师的"架子"来,用威严"镇住"学生。同时,周围确有不少年轻教师,因为过于"亲民",与学生没有保持适当的距离,从而使后期的教学管理处于被动。

青年教师作为学生的管理者,常将"严"字奉为灵丹妙药的另一个原因是青年教师自己的成长经历。现今 30～40 岁的青年教师,中学时代基本上都是 20 世纪 90 年代左右。那个年代的教师大多比较认真且严肃,敬业且一丝不苟。当时的教师什么样子,是如何教我们的,很多东西会像烙印一样在我们身上留下痕迹。

在某些程度上或者一段时间内,用威严的方式对学生进行管理的确有立竿见影之效:不轻易在学生面前露出笑容;通过"威胁恐吓"的气势让学生服从纪律;学生违纪后实施及时有力的写检查、叫家长等"惩罚"。学生一看到班主任就"噤若寒蝉"。纪律好了,教学成绩就有"保障"了。但是作为教师的我们需要反思:这是健康的师生关系吗?尤其是当教师抱着肩甚至叉着腰站在犯了错误的学生面前时,那不是教师,而是机器。我们随之产生疑惑:这些管理的所谓的技巧,培养出的学生是真的守纪,还是被迫服从?教书育人不是应当如和风细雨吗?但是,如果不进行课堂管理,怎样纠正学生的不良行为呢?课堂教学还能继续下去吗?

教师是学生的引导者,教师还应该是学生的服务者。学生的需要成就了教师的教育价值,好的教师是由学生成就出来的。成就学生才能成就自我,成就自我又能更好地成就更多的学生。在这种相互成就的过程中,教师便走出了一条独属于自己的专业化发展之路。

学生观的改变,外在表现的是言谈举止的变化。很多教师找学生谈话都有一句语重心长的口头禅:"其实,老师是为了你好。你怎么就……"潜台词是"尽管你不接受,但是请你服从吧"。其实,这就是用爱的名义对学生的"绑架"。我们不经意地给了学生"假"的爱。真爱学生,就会坦然面对学生的不足和困难,然后发挥教育智慧,站在学生的角度,考虑其感受,助其学有所成,而不是利用口头语言来"粉饰"教育工作者实际方法和实践行动的欠缺。

在与学生"且行且珍惜"的成长过程中,改变学生观的原因有很多,其中一条很朴实的道理是同理心。张晓风在《我交给你们一个孩子》中大声地告诉全城市:"今天早晨,我交给你们一个小男孩,他还不知恐惧为何物,我却是知道的,我开始恐惧自己有没有交错?"她很惶恐地问:"我不曾搬迁户口,我们不要越区就读,我们让孩子读本区内的国民小学而不是某些私立明星小学,我努力去信任自己的教育当局,而且,是以自己的儿女为赌注来信任——但是,学校啊,当我把我的孩子交给你,你保证给他怎样的教育?今天清晨,我交给你一个欢欣诚实又颖悟的小男孩,多年以后,你将还我一个怎样的青年?"像天下所有的母亲一样,她期待着:"世界啊,今天早晨,我,一个母亲,向你交出她可爱的小男孩,而你们将还我一个怎样的呢?"

教师们在有了自己的孩子后,对教师这个职业会有不一样的感受;当孩子背着书包开始上学,自己成了学生家长之后,愈发体会到对学校教育的那种期盼。孩子上学,给孩子想方设法找最好的小学;孩子分班,想方设法找最好的班主任。如果孩子淘气闯了祸,被教师约谈时,作为家长也要体会一把诚惶诚恐的心情。当然,作为同行,隐身在家长群中也能"偷师"学到很多好的东西,大到教育理念,小到教育案例等。换位思考体会到学生和家长的不易后,我们就不由得这样勉励自己:希望自己孩子遇到什么样子的教师,首先自己一定要成为一个这样的教师。这应该也是一种职业道德吧。所以,心怀为学生成长服务的心态,做一名自己孩子期待遇到的好教师吧。

换位思考不仅仅体现在教师与家长之间。教师与学生之间换位一下,也会产生奇妙的体会。教师与学生的角色互换,除了让学生当一下教师,体会到教师的不易,也可以让教师当一下学生,体验一下学生的角色。

第二节 教师体验日"做一天学生"活动 [①]

为了全面了解学生一天的学习、生活情况,以便师生沟通与因材施教,同时通过与学生换位来反思我们的教育教学工作,学校组织开展教师体验日"做一天学生"活动。教师完成包括上课、课间操、课间等内容的体验。体验结束,参加活动的教师上交体验记录和体验收获,对学校的工作进一步提出建议。

---

① 除特别说明外,本书中所研究的案例均采自山东省青岛第十六中学。

"做一天学生"活动方案

为了全面了解学生一天的学习、生活情况,更好地与学生换位,反思我们的教育,积极探寻基于学习力和教育力提升的学与教方式的变革,努力践行"激励成功,快乐成长"的教育理念,现开展教师"做一天学生"活动。

一、参加人员

要求全体班主任、倡导 40 岁以下(含 40 岁)的教师积极报名参加该项活动。

二、活动时间

2016 年 12 月 31 日一天。

三、活动过程

1. 利用班主任会、集备组长会,进行宣传发动。

2. 利用学校微信、微博、校园网等平台,搞好宣传活动,形成积极向上的校园文明舆论,进一步优化教书育人环境。

3. 活动中,各位教师在体验班级里,从第一节课开始到最后一节课结束,进行一天的学习、生活体验,内容包括上课、课间操、课间等。

4. 在体验结束后,参加活动的教师上交体验记录和体验收获,体验收获可以就体验中发现的教育教学行为的问题进行思考,总结所发现的问题,并就课堂效率、教学方式、作业量等问题制定针对性的整改措施,也可以对学校政策、管理、教学改革等方面提出合理化建议等。上交体验记录及体验收获的时间为 2017 年 1 月 15 日。

5. 活动结束后,学校将对认真积极参与活动的教师给予表彰,在全体教师会和班主任会中进行体会交流。

四、活动纪律

1. 要求参加活动的教师应与学生一样严格遵守学校的各项规章制度,不能带手机进入教室,遵守班级纪律。

2. 教师体验收获、记录将作为评选优秀班级、优秀班主任的依据。

教师体验日"做一天学生"活动要求和活动内容如下：

第一，参与体验活动需要全程参与，时间一天，以保证体验的完整性。

第二，教师以学生的身份走进班级听课，参与体验学生一天的文体、就餐等方面活动。通过随堂听课、体验学生日常学习生活等方式，倾听学生的心声，了解学生的需求，进一步发现和改进教育教学中存在的问题，反思得失，与学生一起成长。

第三，加强对每一位教师教学常规的监督检查，有力推进教师教学质量的提高；同时，让听课教师分析比较、反思自身的教学行为，不断提升和完善教育理念，使课堂转型成为广大教师的一种自觉行动，促进轻负高质工作的进一步落实。

在"做一天学生"的活动实践中，教师们充分认识这项活动的重要性和必要性，由"为师者"转变成"为学者"，在体验班级中完成包括上课、课间操、课间等内容的体验。通过换位体验，从学生的角度、从教育教学行为中、从理论的对话和观点的碰撞等多个层面来反思自己的教学，研究实施与学生实际相适应的教学策略、方法和手段，以更好地推进课堂教学的提升。教师们感慨："感谢'做一天学生'活动，它让我们在反思和调整中前行！"有的教师说："学生很辛苦，但是学习精神风貌较好。""我深切地感受到了老师们对学生的爱与鼓励。"有的说："老师们对学生很负责。他们会适时提醒那些在开小差或者将要开小差的学生，将他们的思绪拉回来。他们对每个学生的学习情况了如指掌，甚至哪个学生哪道题做错了、哪个学生哪道题做得好都非常清楚，从而有针对性地进行提问。""老师们不仅注重知识与技能的传授，更注重能力的形成。有责任的课堂是有希望的课堂。"还有的教师说："老师们激情澎湃，知识渊博。教学方法灵活多样，能够充分发挥学生的主体作用，给学生充足的时间自主学习，落实先学后教的教学理念。课堂上老师们更是妙语连珠、幽默风趣，使得课堂上快乐、融洽的笑声一片又一片，课堂上充满着教育的智慧。"

以关爱学生的态度教育学生，这样的教育有安全感。有安全感的教育才会有效，学生才会有自信，才会有追求，才会有奋斗的行动。教师给予学生一份关爱，就会燃起学生一份自信。教育行为开始之前一定要换位思考。"用平常的心态，高兴的情绪，快节奏、高效率地去做实在的事情。"

教师们也对学校、年级、班级工作提出了建议。"学困生在努力过程中,发现仍然跟不上大部队,在心理上很焦虑。对我们这样生源的学校来讲,进一步加强高三的分流工作很必要。""建议成立囊括各学科的统筹协调核心小组,文理各作为一盘棋来抓,关注学生每天的整体作业和复习量。""高三在抓学习的同时,更应注重适合咱们学生的实用的方法指导。"

这些感触从表 1-1、表 1-2 中可以看出。

表 1-1 "做一天学生"活动记录(G 老师)

参加活动签到							
早自习	1. 英语	2. 生物	3. 数学	4. 物理	5. 语文	6. 语文	7. 化学	8. 自习

教师、学生课堂、课间行为观察记录	
节 次	观察记录
早自习	1. 早读时间班干部到位晚了一些,收作业比规定时间晚了将近 5 分钟,受到了批评。卫生值日比较及时。提醒学生墙上板子掉下来了,通知总务处维修。 2. 英语早读时间,学生播放听力。大部分学生按照课代表的安排进行,个别学生做自己的复习。听力内容持续到 7:45。
第 1 节 (英语 A 老师)	听力上交,作文上交。英语当堂检测,时间:一节课。教师落实作文不能按时上交的学生名单及原因(8 人)。课堂检测没有完成的,课间继续;其余学生课间休息(4 人接水)。
第 2 节 (生物 B 老师)	1. 强调不允许出错的最基本内容。 2. 给学生 5 分钟时间,看是否有问题,相互间讨论。 3. 教师集中讲解问题。这个过程中暴露出的学生问题较多,包括目标生在内,基础知识欠缺,掌握不熟练等。同时,体现出 4 班的优势,就是学生向心力强,课堂上主动提问、质疑的声音此起彼伏。能看出学生在生物课堂上的学习热情很高。 4. 课堂当堂训练。2 个学生刚发的试卷找不到了。这方面习惯还需要加强。课间操因为初中考试停上。课间操英语老师处理英语作业作文事件。学生认错态度较好,但是确实给老师们出了一个难题。
第 3 节 (数学 C 老师)	本节课是试卷讲评课,几个英语课上比较沉默的学生在数学课上思维活跃,体现了理科学生的特点。数学老师备课认真,试卷中题目、学生的正确率均做了认真的分析。学生方面,差距越来越大,75 分满分,有满分的,也有 30 多分的。

教师、学生课堂、课间行为观察记录	
节　次	观察记录
第4节 （物理 D 老师）	当堂训练10分钟，一部分学生答不完题，思维敏捷性需要进一步训练；课堂习题讲评中进一步看出学生差距较大，基础较好的学生整节课很活跃，而一部分学困生基本上整节课没有声音。
第5、6节 （语文 E 老师）	学生午休没有完全睡醒，纪律非常好。E 老师先带着学生分析了上次作文。理科学生学习语文，对任课教师提出了更大的挑战。郑同学朗读的文章，真是理科学生的标准读法，令人立刻想到"因为所以"之类的逻辑思维。但是 E 老师很耐心，认真地引领学生体会领悟。整节课听课下来感觉老教师的教学水平果真是非同一般。
第7节 （化学 F 老师）	班主任的课，与任课教师的课的确不一样。学生明显思维紧张。

"做一天学生"活动感悟

一、学生很辛苦，但是学习精神风貌较好。

1. 学优生压力来源很多。

（1）大量学业的、作业的压力，对有的学生来讲，超过了其学习能力。

（2）心理上的焦虑。学优生的成绩不稳定，成绩偶尔下降，学生的情绪都容易产生波动。

（3）家长和教师对学优生的期待，对学生既是要求，又是压力。

在这三方面的主要压力中，第一方面和第二方面的负面作用很明显，但是第三方面是必需的。另外，教师们担心的学优生之间的竞争压力，从观察情况看，基本不存在。学优生之间互帮互助，共同学习气氛很好。

2. 学困生处于游离状态。具体表现：

（1）课堂发言不积极，基本上忽略不计。

（2）原来的学习习惯影响了其追赶上来的决心。班级内不存在放弃的学生，但是学困生在努力过程中发现仍然跟不上大部队，在心理上很焦虑。

二、教师很辛苦

1. 常规工作较多，其中不少是任务型、事务性任务，冲击研究业务的时间。

2. 学生习惯、学习动力等因素，使教师不得不经常性地充当"警察"的角色，包括学生没有按时完成作业等事情处理。从某种程度上讲，我们的教师在对学生的管理方面甚至比在教学方面花的精力都要多。

3. 教师们很敬业。从听课、学生单独辅导、单独听写等方面能看出来。

三、班级管理方面

班主任跟任课教师之间的合作很重要。

1. 班主任调动整个班级学生的学习动力。班风正了，任课教师的课也会好上很多。要抓学生的内驱力。

2. 任课教师需要把自己学科抓好，反过来也有助于班级整体学风的塑造。

7

对学校、级部、班级工作的建议
一、做好学生多元化发展的分流工作 　　进一步体会到高三的分流工作相当重要，尤其对我们这样的生源学校来讲。今年高三分流的途径进一步扩宽，无论是在途径还是在学生数目上，都得到空前的发展：艺术、美术、体育、春季高考、出国、书法。其中，春季高考和书法是新思路，希望第一批学生能打响开头炮。 二、年级内酝酿家长委员会"做一天学生"活动 　　除了常规的家校联系，下个学期伊始，考虑在一周内家长委员会的家长轮流参加"做一天学生"活动。活动方案参照班主任"做一天学生"活动。 三、学生对分数比较敏感，班级采用小回合成绩表的形式，适合4班学生这样的思维敏捷但是习惯不足的学生。具体办法： 1. 每周一封家长信。 2. 每周汇总一次听写之类的小分数，并在班级内总结。 3. 假期的自我复习，对4班学生是个很大的挑战，所以需要好好考虑一下；假期里面家长要动员和组织好。

活动时间：2017 年 1 月 12 日	教师姓名：G

表1-2 "做一天学生"活动记录（H 老师）

参加活动签到								
早自习	1	2	3	4	5	6	7	8

教师、学生课堂、课间行为观察记录	
节　次	观察记录
早自习	7：10 室内值日完成；7：15 政治学科布置听写内容；7：20 英语听力练习；7：35 政治老师批完当天作业后简单点评作业问题。
第1节	数学老师订正当天作业，提问学生，盖同学的答案是蒙对的，不能正确解读；黄同学的回答不顺畅；赵同学思路清晰。大部分学生能跟上教师所讲的内容。7：55 做课堂练习作业，学生比较认真。
第2节	课前学生在黑板上写好订正答案，准备听写纸，背单词。课堂上学生认真自我纠错。全班都很专注听讲。教师订正黑板上的答案，进行单元检测成绩点评，进行量化表彰激励。
第3节	因今天临时不跑操，学生提前 10 分钟进入课堂状态，背相关知识点。教师订正练习答案时，学生听讲认真。学生互相讨论解决一些问题。
第4节	历史老师点评检测成绩，表扬成绩优秀的同学。根据错误率统计讲评试卷。其间提问几个学生，发现学生知识不够扎实，强调知识巩固，主观题点评时注意历史观的区分。
第5节	英语阅读练习及情况归纳总结，发现学生词汇量不足，错误率较高，教师讲解难度比较大。黄同学进行小演讲，课堂气氛活跃。

教师、学生课堂、课间行为观察记录	
节　次	观察记录
第6节	教师在本节课中对学生进行了看图的方法指导,指出学生仍然存在的问题:不注意题目背景,审题不清楚不细致。教师总结出一些规律性的表述,如"北极星仰角等于当地纬度",强化学生知识记忆与实际应用。
第7节	自习课上学生忙于写作业,神情比较专注。作业过程中有的会翻课本或一轮复习材料后又继续完成练习作业。学生的知识储备还有欠缺。

"做一天学生"活动感悟

　　一轮复习的课堂上,教师们的教学内容密度还是比较大的。通常一节课讲评一套试卷或若干篇阅读练习。学生在课堂上注意力较为集中,大部分能随着教师的提问、追问进行思考或群体应答。班级中平时成绩优秀的学生课堂表现较为活跃,能及时发问,解决自己练习中的疑问。但也有部分学生一直较为沉默,从表现上看不出对知识掌握得怎样,需要教师进一步关注。

　　课间,学生大部分时间用于整理课本、资料,讨论一些问题。英语、历史两个学科因为课堂上有单词听写和知识默写,所以除个别学生打水和去卫生间外,其余学生基本上都在背诵。这说明学生已经养成了课前背诵的习惯,不需要教师刻意督促。

　　由于批作业,我中午没有午休,下午第一节课上就明显觉到了困意。而学生经过了午休,但1:15按时起来的很少。有些基本上是在任课教师进教室招呼时才从桌子上爬起来,状态还很迷糊,上课10分钟后才能清醒过来,很影响下午第一节课的学习效率。第二节课状态完全恢复,精力也较为充沛。

对学校、级部、班级工作的建议

　　1. 英语听力时有个别学生不够认真,手里还在忙活别的学科作业。班主任要注意检查情况,抓好听力练习的落实。

　　2. 午休结束后,班主任应该自己或安排专人提前叫学生开灯、拉开厚窗帘,利于学生及时清醒,做好第一节课的准备,提高效率。

　　3. 小组量化激励还要创新突破,充分调动学生上课的积极性、发言的主动性。

活动时间:2017年1月12日	教师姓名:H

　　在这项活动中,教师们切身有了体会:学生真不容易,当然也从学生角度提出了很多很好的建议。

第三节　为师之道,严爱为本

　　柏拉图认为:"教育非他,乃是心灵转向!"

赞科夫说:"当教师必不可少的,甚至几乎是最主要的品质就是热爱学生。"但是,有的班主任对学生爱得太过分,爱得太随便,师生之间没有距离。我们经常看到某些学生搂着班主任的肩膀称兄道姐,关系似乎十分融洽。师生关系融洽是好事,但这样的班主任往往没办法对学生严格要求,令出不行,班级管理混乱。

俗话说,严师出高徒。但是,有的班主任管得太紧,管得太死,以致学生"谈师色变",班级如一潭死水。

因此,怎样把握好对学生恰当的"爱"和适度的"严",做到爱中有严、严中透爱,是我们教育者,尤其是班主任值得研究的问题。

一、情感产生力量,需要以信任为基础,以沟通为保证,以互相理解为中心

学生的成长不只是阳光、雨露、面包和开水就能完成的。他们需要一样与植物和其他动物所不同的东西——这就是火热而真诚的心。教育不能没有爱,就像池塘不能没有水一样。没有爱就没有教育。苏霍姆林斯基则把教师热爱学生作为"教育的奥秘",他的座右铭是"把整个心灵献给孩子们"。

教师对学生的爱,会被学生内化为对教师的爱,进而把这种爱迁移到教师所教的学科上,正所谓"亲其师,信其道",进而"乐其道"。因此,爱的教育是我们教学上的巨大推动力。教师关心学生,就能载起我们教育界称之为严格要求的那条很难驾驭的小舟。没有这种关心,小舟就会搁浅,用任何努力也无法使它移动。教师热爱学生有利于学生良好品格的培养;有利于创造活泼、生动的学习氛围,使学生保持良好的学习状态……而这一切,都是做好教育工作必不可少的条件。热爱学生要具备的三个条件。

1. 爱要理智公正

在教育中,对学生的爱应是理智的,而不是盲目、冲动的。盲目的爱缺乏是非感,无明确的目的性,不能有力地引导学生向好的方向发展,不能有力地抑制和消除学生自身的不良因素。在教育中,对学生的爱应是正直、公正、坦荡、无私的,不是偏狭、庸俗的。因权势而爱,因门第而爱,因金钱而爱,这种爱会败坏社会风气,污染学生纯洁的心灵。如果我们希望学生成为热爱美好事物而仇恨丑恶等行为的真正公民，我们就应当真诚地对待他。

2. 爱要坚持"三不"

不挖苦学生。当学生做错事时，应耐心开导，不挖苦，不训斥，不拿大话威胁恐吓。

不体罚与变相体罚。如有的学生因作业没写好，或没有按教师的要求去做，与其像有的教师那样让学生写上 10 遍、20 遍，不如单独找他谈话，帮他找出原因。

不"心罚"。"心罚"即对学生内在心理和精神的惩罚，它是与"体罚"相对应而言的。比如，有的教师说学生："生来就不是读书的料。""灌铅的脑袋！""死榆木疙瘩！"……这种"心罚"侮辱了学生的人格，刺伤了学生的自尊心，伤害了他们的情感。大家想想，学生真的遇上这样的教师日子该多难过。所以，我们应爱护学生，维护其自尊心，尽量避免对学生造成伤害。

"老师的生命是一团火，老师的生活是一曲歌，老师的事业是一首诗。"对教师以及教师职业的赞美之词确实不胜枚举。但是，我们应常常进行一些反思，思考一下我们的行为是否与那些赞美之词相符。

3. 爱要让学生知道

每个当教师的对学生都很关心，尽管方式各不相同。但是，一定要注意爱他们，为他们付出了，要让他们知道。补缺补差，追缴作业，调解纠纷，甚至"破案"，班主任可谓"两眼一睁，忙到熄灯"。"可悲"的是，班主任呕心沥血，犹如春蚕蜡烛，尽情地挥洒着青春，但有时期望值与收获却成反比：少数学生并没有感恩，甚至视师如"仇"。教师经常"悲壮"地慨叹少数学生素质差，其实一个方面就是他们不会主动理解体贴别人。所以我们的付出，需要提醒他们注意到。

这个提醒应是"随风潜入夜，润物细无声"的工作，应是个细节性的工作。有的学生认为：因为班主任离家近，所以才每天早出晚归。这种想法不可忽视，班主任必须要把这件事放在桌面上问："老师每天上班早出晚归的真正原因是什么？"另外，对于学生司空见惯的课后教师进行单独辅导的行为，要问学生是不是因为任课教师责任心强就必须得由"学生求学"变为"求学生学"。挑明了这些问题,学生就能注意到各位教师的付出,并且理解和感激教师,师生情感由此而得以培养。

二、爱学生就必须严格要求学生

古人云:"教不严,师之惰。"严是有标准的严,是在一定范围内的严,是符合教育规律的严,是有利于学生德、智、体、美、劳诸方面发展的严,绝不是无规律、随心所欲的严,更不是摧残学生身心健康的严。教师对学生的严格要求是出于真诚的爱。严以爱为基础,爱以严为前提,严爱结合,爱而不纵,严而不凶。严格之水只有渗透情爱之蜜,才能成为爱的甘露。

在育人实践上,一些教师对严的曲解、误用令人深思。在他们那里,严演变为体罚和变相体罚。心虽善,动机也好,但严而无格,爱必荡然无存,再不是"严是爱"的范畴,而坠入了"严为害"的泥坑,学生的自尊、人格、上进心被严的霜风冷雨击碎。学生心灵受创伤,心理被压抑,久而久之将形成视师如仇的逆反心态。这种严于事无补,于人无益,是对学生个性发展的隐性扼杀。真正的严应该做到如下两点。

1. 严而不厉

任何时候对学生严格要求都是正当必要的。缺乏严格要求,放任自流,是对学生不负责任。但严格不等于严厉。严厉意味着教师态度的强硬、武断和偏执,严厉会使学生产生惧怕、退缩心理。久而久之,学生依赖性、神经质等不良心理都会滋生。因此,教师对学生的态度应该是严格,而不是严厉。

2. 严而有格

格即范围、分寸。教师对学生的要求严但不能超过一定的范围,严要有分寸。不同的学生,犯了同样的错误,比如作业没有完成,可能就存在不同的原因。为此,教师不能简单、草率批评完事,而要采用不同方法去严格要求学生,这个不同方法就是格。如果教师严而无格,乱严一气,就会出现不好的结果。

三、严爱结合,严出于爱,才爱得有理;爱寓于严,才爱而不纵

现实中往往爱学优生易,爱学困生难。这就要求教师不仅要爱"小天鹅",还要爱"丑小鸭";要采取学生能够理解、接受的方式对待学生,即

严爱结合。首先,要善于在尊重关爱学生的基础上对学生提出严格要求。其次,要善于在严格要求的过程中去体现对学生的尊重友爱,努力创造条件,使他们获得成功。要做到爱得得体,严而有理、有度、有方与有恒。

俗话说,情不通则理不达。对于班级制度的执行最好实行四步走:

第一步:讲道理,让他们了解为什么需要有规矩;

第二步:定规矩,让他们知道规矩是什么;

第三步:严要求,破坏了规矩,严格"处罚"。比如迟到,包括值日迟到,都要按照规矩受到"惩罚";

第四步:再讲道理。

教师一定要记住每一个被批评、被"处罚"的学生,找个机会再跟他们谈谈心,以免伤了师生感情,使后期的教育陷于被动。比如下课聊聊、找个机会表扬。若"处罚"比较严厉,就叫回办公室,促膝长谈,加强沟通,这就是所谓的"软硬兼施法"或"恩威并施法"。

当然,在这几步中,自始至终,要让学生感觉到教师是爱他们的,这可能也是决定同样的处罚措施,学生是否会接受的情感方面的原因。很多小细节和小技巧可以帮助教师传递爱学生的信息。比如:拍拍肩膀,批评完了再肯定,甚至可以悄悄告诉他:"老师喜欢你,超过其他很多同学。"这样一来,学生会感觉到:"老师是爱我的,才会对我这样严格。"这也体现了一句有诗意的话:"爱是教师最美丽的语言。"

爱与严是辩证统一的。教育有法,教育更需要得法。教育是门技术,更是一门艺术。笔者认为:教育的技巧和成功来源于教师真挚的爱生之情,这种情会激发学生前进的信心;教育的技巧和成功来源于教师的"严之有理、严之有度、严之有方",这种严会指给学生正确的方向,使他们在前进的过程中沿着正确的轨道不偏航。台湾省教育家高震东曾说过:"爱自己的孩子是人,爱别人的孩子是神。"愿我们每位教师都是"神"。

第四节　不忘初心,方得始终

学生观的定位会直接影响教师的工作心态和自我认识的心态,其实教师的工作心态和自我认识的心态就是教师的职业观。

一、教师自我认知的心态需求

呼吁教师们做"自己孩子期待遇上的教师",不仅是将心比心职业道德使然,而且,在职业生涯中,当摆正了自己心态,用正能量来对待工作的时候,就会少很多的抱怨,少很多的负面情绪。心态轻松了,工作时才不容易倦怠,才会勇于承担责任,在业务上得到更好的进步。

即使是我们现在看到的很多教育大家,也并不是一开始就在教育事业上树立了多么远大的理想,立志终身为了教育事业奋斗。他们往往也像大部分人一样,一开始源于一种责任心,责任心驱动下业务不断成长,产生了成就感,成就感的累积使他们感受到了工作的乐趣,然后将乐趣当作一种享受。职业,就这样慢慢进化到了事业。这个过程在马斯洛的需求层次金字塔(图1-1)中,体现在从第四阶层"尊重需求"最终上升到第五层"自我实现需求"。而这些大家们实现了自我价值后,会更加强化实现自己的价值观、创造力、责任感。越是我们看起来已经功成名就的大家,工作越敬业,待人越谦和,追求越执着,他们已经习惯成自然了。

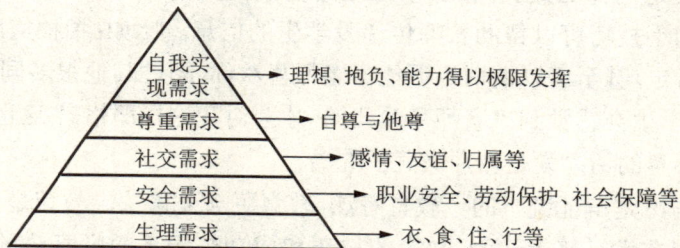

层次	说明
自我实现需求	理想、抱负、能力得以极限发挥
尊重需求	自尊与他尊
社交需求	感情、友谊、归属等
安全需求	职业安全、劳动保护、社会保障等
生理需求	衣、食、住、行等

图1-1　马斯洛需求层次金字塔

对自我要求的心态,青年教师常常也会有这样的过程。首先因为强烈的责任感和使命感对自己严格要求,开始可能或多或少是带有功利性的,目标是为了出教学成绩。这个完全可以理解,年轻人需要用成绩证明自己的能力。第二阶段工作经历越来越丰富,对学生越来越了解,对于工作成绩的看法也能够进一步地正确对待。这时候会慢下来。与原来相比,同样是工作取得成绩,功利心会少很多。最后,自然而然地会持着一种让自己做得一天比一天更好就可以的想法,"不以物喜,不以己悲"。从表面上看,好像是对自己的要求越来越低,但本质上,这应该是一种进步。

职业倦怠的问题,似乎我们大部分人都没有办法回避。李镇西老师在讲座中不止一次地问过这个问题："认为自己从来没有过职业倦怠的请举手。"有一次现场 600 多人，只有 1 人举手。加上李镇西老师，共 2 人。追问之下，举手的这位教师也是刚刚从事教师职业 3 个月而已。李镇西老师解决这个问题的答案是："幸福比优秀更重要。"这句话说到很多教师的心坎中了。

二、教师职业倦怠问题的现状

面对职业倦怠问题，教师自己首先不需要焦虑，更不需要有罪恶感。中华教育改进社发布的《2015 年度中国教育改进报告》中，列举了目前我国中小学教师职业倦怠的状况：

① 我国中小学教师职业倦怠的问题已经普遍存在，并达到了中等以上的倦怠程度。

② 教师的职业倦怠在教师生涯的最初几年就开始显现，而且随着教龄的增加而不断加重，特别是从第 10 年起急剧严重化，到第 16～21 年达到高峰。近年有提前的趋势。

③ 男女教师职业倦怠特点不同：女教师在职业生涯的最初几年并不存在职业倦怠问题，但几年后，职业倦怠随着教龄的增加不断加重；男教师的职业倦怠问题在其教学的最初几年就已经存在，不过会随着他们教学时间的增加而不断降低。

④ 工作量不同的教师，情绪衰竭问题也会随着工作量的增加而加重。情绪衰竭是对压力的反应。

教师职业倦怠的类型有以下 4 种情况：

① 筋疲力尽型。教师对压力的反应不是更加努力，而是不再努力。他们试图通过减少付出来取得付出与回报之间的平衡。

② 狂热型。教师面对困境和预期的失败，试图做任何可能的努力。他们认为每个人都应该付出更多的努力，并且相信付出最大的努力就会成功。

③ 低挑战型。教师既不是对工作量不满，也不是对工作中的困难不满，而是对每天和每年面对单调、缺乏激情的工作感到厌倦。

④ 综合型。更多的教师可能是处于这几种类型之间，出现阶段性反复。

教师产生职业倦怠感的原因是多方面的。有的是政策制度方面的，如收入、进修机会和渠道。不能否认的是，有的原因来自教师自身。作为教师，调整好心态是一个从自身出发解决问题的办法。名师李镇西的观点，现与大家分享：现在越来越坚定地认为，一个教师，是否"优秀"不是最重要，是否"卓越"更无关紧要，最最关键的是，是否"幸福"！

三、幸福比优秀更重要

一个身心疲惫、心力交瘁的教师，没有幸福；一个整天忙忙碌碌、无所思考的教师，没有幸福；一个只认分数、缺乏人文的教师，没有幸福。教师的幸福感从哪里来？教师的幸福感来源于学生的尊重、信赖，来源于社会、家长的认可。这是外界给予的。而从自身来说，教师是否幸福，最重要的还在于他有无成就，而有无成就的最后的分水岭，不仅在于技术与能力的差异，还在于人生境界的高低。

这里说的成就，是不是就代表"优秀"呢？所谓"优秀"，一般有两个含义：一是指我们做得比别人相对出色一些的工作成果，二是指我们获得的荣誉称号。不管是在哪个意义上使用"优秀"这个概念，"优秀"都不是最重要！因为"优秀"总是相对而言，我们要和别人比较，或者与别人一起参加评选。因为有比较，我们会求胜心切，我们会精益求精，我们永不满足……与别人一起参评荣誉称号，我们免不了要关注教育以外的人和事。我们自认为已经够优秀，参评时会发现可能别人比我们还要优秀一点！

虽然这种比较或者荣誉称号的争取也有其积极意义，毕竟也是我们上进心的表现，但正是在这种比较的过程中，我们渐渐失去了热爱学生、服务学生的初心，自然就失去了从容自如的心态，失去了"慢教育"的智慧，也失去了教育的优雅与情趣。不知不觉中，我们潜在的或者说沉睡的功利心渐渐苏醒，让我们备受折磨。于是，教育的幸福也不知不觉离我们而去。

想"优秀"而不得，怎么办？那么，别管什么"优秀"不"优秀"啦，还是追求纯粹的教育幸福吧！这才是真正的成就：技术与能力、人生境界。

教师一定要坚持科研，走创新之路。这是提升个人技术与能力的必需途径。只要不断探索，时刻追求，一定会有所收获。而当辛苦构思的论文或者执着研究的课题立项或者结题的时候，就会有成就感，从而提高了自己的信心。教师的自信是学术水平、管理能力、教学能力、教学成绩、科研成就、业内威信的总和。不少教师痛苦的原因之一就是缺乏自信。

另外，教师要保持一种看淡名利得失的人生境界。真正的教学和科研都是君子之道，无法以此发财，也不可能一蹴而就，没有 5 年、10 年是看不到成效的。教研使我们朝着学者方向发展，教研也不依赖别人提供优越条件，也不与人争夺资源，凭借个人奋斗就行。失败了也不过花了点时间，从头再来就是了。

"优秀"与否是别人的评价，"幸福"与否是自己的感觉。

教师应该把和学生的关系——或者说把学生对自己的爱看得比任何"荣誉"更重要。因为这是内心的幸福，是别人不可能给的。所以，没有比做一名纯粹的教师更幸福的了。需要说明的是，幸福比优秀更重要，并不是说大家不要去追求优秀，而是说不忘初心，方得始终。不要在追求优秀的过程中，让优秀变成负担和枷锁。这也是解决职业倦怠的正确心态之一。

第五节　过一种幸福的教育生活

解决职业倦怠的方法，查阅相关资料后可知，除了心态要摆正，技术层面以两个做法为主：多读书、多反思。于漪老师当校长时，对青年教师说："空余时间去看看书吧，教师不应该只是学科教师，首先应该是个文化人。"那些教学生命长盛不衰的教师，一定是爱读书的文化人。陶继新在《做一个幸福的教师》中也将读书作为教师生命成长的必需。

教师与书的相遇，也要讲究缘分。恰好的时间，恰好的感受，恰好的书，就会产生强烈的共鸣。笔者担任班主任工作，不知不觉已经将近 20 个年头了。每天，往返于教室、办公室之间；每天，面对学生、家长、任课教师们的琐碎小事；每天，承受着素质教育理念的冲击与升学成绩的压力……经验和理智增长的同时，作为教师的职业幸福感也在抱怨中渐行渐远，热情也在现实中渐渐冷却。这时候，笔者与《说给老师的真心话》不期而遇。

《说给老师的真心话》一书的作者雷夫，其大名早就如雷贯耳。笔者刚开始对阅读此书的收获颇为怀疑，一则是因为中美国情和学情不同，担心雷夫的东西"水土不服"；二则雷夫一直任教小学五年级，而我们面对的是即将高考的学生，受教群体有巨大的差异。但是，雷夫的《说给老师的真心话》深深地打动了笔者。这本书中最动人的，是雷夫的职业幸福感。他经历过青葱岁月中的热情与碰壁、成长期面对苦恼和沮丧的收获、步入名师讲堂阶梯后的坚持和执着。职业的幸福感，始终贯穿其中。这种幸福感，从何而来呢？

职业幸福，是我们一直努力追寻的东西。但往往事与愿违。读到批判性文章，听到无情的指责，心生委屈；在不合理的评估标准下，看到水平稍差的教师的更胜一筹的评价成绩，心理失衡……久而久之，掉进抱怨的泥坑中。

"真心话"告诉我们教育的幸福感来自务实的作风。对新教师，雷夫摒弃了冠冕堂皇的欢迎辞，而是直言不讳地指出"未来的日子将充满艰辛"，让我们产生了共鸣：原来享誉世界的教育名师也碰到过与我们相似的考验。由此坚信，像他一样坚持，把每一位顽童当作意志磨砺，把每一个难题转化成可以攻克的课题，把每一次绝望孕育出希望，我们也可以做到。承认学生间的差异，允许学生的不完美，就会减少"没有教不好的学生"的挫败感。另外，雷夫直言有些行政管理的横加干预和媒体的口诛笔伐，因为不了解教学实际，反而会帮倒忙，雷夫教会我们用审视的目光敢于坚持，绝不盲从。

尽管也会感到沮丧，但是雷夫教会我们直面现实，不要停留在承认诸多的不利因素客观存在的层面上，更教会我们不要轻言放弃，即使是有百分之一的概率，也要不忘教师使命，尽力而为。罗曼·罗兰曾经说过："真正的英雄主义只有一种，就是看透了这个世界并依然热爱它！"雷夫这种正视现实的作风就体现了这种"真正的英雄主义"，承认"存在即合理"，就减少了焦虑与愤懑，增加了不断努力的热情。这正道出了青年教师的心声，鼓励青年教师从成长的初始阶段进步到理智阶段。

教育的幸福感还来自闪亮的教育智慧。与其牢骚满腹，不如正视问题；与其接受不足，不如找寻应对方法。雷夫敞开心扉底气十足地就下列方面给了诚恳的建议：接手新班级如何及时订规矩；如何处理教学过程中横生出的枝节；如何管理课堂纪律；如何兼得考试成绩与学生的真才实学；在个人成长途中如何对待同行的嫉妒；如何调整教学中的坏情绪。

对我们常常纠结的课堂管理的问题，雷夫的做法让人颇感意外：根本用不着管理。维持课堂秩序最有效的方法就是让课堂生动有趣。所以，我们与其把精力花在纠正不良行为上，不如花在改进课堂内容上。课堂精彩了，捣乱的人就少了，学习的人就多了。另外，严格而耐心地引导学生学会审视自己。让学生明白，当着教师面的友善不是真正的友善，倾听是一种礼貌且共赢的行为。所以，在课堂上，真正重要的不是教师的监督，而是学生内在的注视。

看到这一段，无异于给自己打开了一扇窗户，因为课堂管理的尺度一直是我们很多青年教师的一个心结，不知道是应该管得严一些还是松一些，不知道是做学生的朋友还是做老师。尽管理论上两者并不矛盾，但是实践上令人纠结。笔者带着这些教学问题读书，在这里找到了答案。答案就是原来根本不用管。"管理"一词包含两个含义：一是"管"，二是"理"。课堂教学应该把重点放在"理"上。课精彩了，学生学会真正的尊重，自然课就好上了。

偶尔我们会对工作心生厌倦，不是因为我们不热爱教师这份职业，而是因为在面对困难时束手无措，无计可施。教师职业内在的尊严与幸福，源于学生的发展和教师的智慧。教育智慧在实践中有着丰富的外在表现：具有敏锐感受、准确判断生成和变动过程中可能出现的新情况、新问题的能力；具有把握教育时机、转换教育矛盾和冲突的机智；具有对实际和面临的情景做出决策和选择调节教育行为的魄力；具有使学生积极投入学校生活、热爱学习和创造、愿意与他人进行心灵对话的魄力。

不论是务实的作风，还是闪亮的教育智慧，归根到底，教育幸福感来自真爱。雷夫为什么能创造五十六号奇迹？就是因为雷夫对学生的"真爱"。是啊，爱是教育之本，教师的教育教学水平可以有高低，但是对学生的爱不能有高低。雷夫对学生的爱没有自我标榜，在书中却随处可见。对困难学生课堂纪律的帮扶效果，雷夫是这样评价的："这一发现不仅拯救了安娜自己，也令其他同学感到十分快乐。"这样的教育评价流淌着的是浓浓的对学生的爱。这使得我们的"课堂纪律大为好转，学生课堂注意力更为集中"的结论相形见绌。无论是爱，还是被爱，都是一种幸福。但是当教师的，只有奉献出真爱，才会体验到幸福的教育生活。

我们可以把书带到任何一个地方，书也可以把我们带到想去的地方。读完此书，仿佛置身于五十六号教室。掩卷长思，雷夫用他务实的作风、创新的方式、热情的态度，过着一种幸福完整的教育生活，创造了五十六号教室的奇迹。同样作为班主任，我们能为学生做些什么呢？

第六节　德育"盐"与故事"汤"

故事法是一种常见的适合学生实际情况、易为学生接受的有效的德育教育方式。现代教育技术的应用更使故事法如鱼得水。现今，故事法这一传统的教育方法如何更充分地发挥其独有的教育魅力值得我们去探究。故事素材如何组织、应用值得我们去尝试。

盐对我们的身体很重要。可是，如果给每个人发 15 克盐，请大家吃下去，相信没有人肯吃。即使吃下去，也要到医院治咳嗽。但假如把 15 克盐放进汤里，味道会很鲜美，人人都愿意喝。这是笔者看到的一段关于"盐与汤"的论述。

这让人联想到我们的德育教育。要提高德育的实效性，一味地给学生吃盐，恐怕会适得其反，但如果把德育的"盐"放进"汤"里，煲出香浓的心灵鸡汤，则会事半而功倍。而故事，就是我们所需要的很好的"汤"。

一、心灵鸡汤煲制的要诀

把德育"盐"放进故事"汤"里，是德育无痕的最好方式之一。

曾看到这样的一则寓言故事：一把坚实的大锁挂在大门上，一根铁棒费了九牛二虎之力，还是无法将其撬开。钥匙来了，它瘦小的身子钻进锁孔，只轻轻一转，大锁就"啪"的一声打开了。铁棒奇怪地问："为什么我用了那么大的力气也打不开，而你却轻而易举地就把它打开了呢？"钥匙笑着说："因为我最了解它的心。"

刘铁芳教授说："美德故事，也许不如道学家的'道德推理'来得严密、系统、深刻，但却能够比'道德推理'更直截了当，更简明易懂，更亲切可心。""优美叙事的伦理，是让人去体验、感受、关心一切真实的伦理境遇，而不是如规范的伦理，让人被动地接受道德律令。"这不正是说故事的钥匙,比单纯说教的铁棒,更了解学生的心吗?

中国人向来重视故事育德。"头悬梁、锥刺股""孔融让梨""程门立雪"等故事能够流传至今,也是美德故事育人效果的见证。每个时代都有让整整一代人念念不忘的故事,如《马兰花》《石门开》《三毛流浪记》,通过一个个或弥漫着生活的甜蜜和芳香,或充盈着人世间痛苦或忧伤的故事,让学生去认识人性的美好和丑恶,塑造自己善良、自信、自强的品质。这样的教化,也是学生所喜欢的。随着时代的发展、教育媒体和手段的提高,现代故事法更会大有用武之地。

二、心灵鸡汤煲制的基础

各种不同类型的故事能调出汤不同的美味。

新时代的故事,不要局限于"小时候,听妈妈把故事讲"的形式和内容。在信息时代,无论类型还是表现形式,故事早就被时代赋予了新的含义。

1.故事的表现形式

按照表现形式来看,故事可以有讲授型、文字材料型、音频型、视频型等。

传统的教师讲授型,在故事德育中一直发挥着举足轻重的作用。它不受时间、地点限制,不论什么情境,都可以根据实际情况灵活应用。

文字材料型的故事,让学生在阅读中静心品味。思考之余,发表一下个人意见,挖掘一下主题思想,既充分地调动了学生的思维,又帮助学生积累了很好的素材,如永不退缩的林肯总统的故事,着眼小处可用于语文作文,放眼大处可用于人生感悟。

音频型的故事,可以由学生轮流朗读,也可以播放 MP3 等形式的音频文件。声情并茂的学生朗读,不仅感动着材料的准备者、朗诵者,也感动着倾听者;而在精美音乐的伴奏中,朗诵员娓娓道来的故事,也会如潺潺流水,浇灌着学生的心田。

视频型的故事,以无可比拟的视觉效果,震撼着学生的心灵。当学生看到他们心目中的英雄或明星演绎着或是他们自己的或是导演精心设计的人生百态时,这种影响力胜过家长和教师的千言万语。任何学生,看到某洗发水广告中励志女孩的故事,便不再迷路;任何学生,看到雷德蒙这位田径英雄在奥运会赛场上的悲壮的告别赛,便不再沮丧;任何学生,看到影片《绝不放弃》中在教练呐喊助威声中主人公爬越球场的片段,浑身便充满了奋斗的力量。

2. 故事的素材

故事的素材可以是寓言故事,给学生讲一讲鸡和鹰如何比飞,教会学生激扬理想;可以是名人故事,给学生讲一讲他们喜欢的周杰伦的成长故事,使他们不再羡慕明星们表面上的光环;可以是电影故事,跟学生一起重温一下《当幸福来敲门》,使学生顿悟:心在哪里,你的财富就在哪里——不论遇到怎么样的困难、怎么样的逆境、怎么样的迷茫,都要勇敢面对;也可以是学生自己或周围发生的生活故事,哪怕是老生常谈的给爸妈洗脚的故事,因为就发生在学生身边,更容易引起共鸣。

三、心灵鸡汤煲制的技巧

教师要掌握放"盐"的时机和火候。

好的厨师注意放盐的时机、火候,会使汤更加美味。好的教师也是,有适合班会时讲的,有适合单独谈话时讲的;有用语言表达的,也有用书信形式展示的;有的力求起到立竿见影的效果,而有的却像荷兰哲学家安克斯米特说过的那样,"如同鱼儿不知道它游于水中一样,一个阶段的芳香只能在随后的阶段被闻到"。一般情况下,故事德育法常应用在以下三种时机。

1. 德育活动

学校每年都要举行各种德育活动,如教师节、学雷锋活动。有的学校会举行各种校园节日,如艺术节、读书节;有的学校会组织各种校本特色的传承性的活动,如书香月、习惯强化月活动。当然,还有每周一次的班会、每学期的家长会。这些都是我们用故事做武器、把校园当作战场、抢占学生的思想阵地的好时机。网上流行的视频《我的高考》,历时三十多分钟,整个班会时间,虽然班主任没说一句话,但是学生却被主人公感动得潸然泪下,为理想打拼的不服输的精神油然而生。

2. 班本时间

班级内可以充分地利用起一些零碎时间,将讲故事设计成一项有自己特色的班级常规。比如眼操时间，眼操的口令学生已经很熟悉，这时每天安排学生准备一下演讲，学生边护眼，边享受着熏陶，真是一举两得；每天放学时间，将故事设计成值日班长的总结内容之一，让这一天的学习生活在精彩的故事中结束。日积月累，耳濡目染，让小故事去感染学生的内心，引发他们的情感共鸣，让学生在主动吸收的过程中潜移默化地接受我们的价值引导，实现道德情感的自主建构与自主提升。

3. 处理突发事件

在遇到突发事件时，能否抓住教育学生的有利时机，最能体现出一个教育工作者的教育智慧。临近期末考试，学生来找班主任谈话，分析目前成绩不理想的原因。班主任抓住正在热播的《非诚勿扰》节目中的一个场景，问："有一个人，各方面条件都不错，灯全部被灭。原因在哪？"学生回答："心态不好。"教师又问："为什么心态不好？"学生恍然大悟，回答："期待的太多了。"于是，学生再遇到类似这样的心理困境时，可能就会不自觉地想起被灭灯的原因，从而自觉地调整状态。

苏霍姆林斯基曾这样说："在每个孩子心中最隐秘的一角，都有一根独特的琴弦。拨动它就会发出特有的音响。要使孩子的心同我讲的话发出共鸣，我自身就需要同孩子的心弦对准音调。"多么精彩，又多么重要！

是的，多元时代的道德教育走出现实的泥淖，实现在缺憾中不断前行的关键，应是让德育从神坛走向下界，回到人间，走进学生的心灵世界。美丽温情的德育故事，是这路途中的一把钥匙。因为任何一个人，或许会反感一味讲道理的德育方式，但却无法拒绝美德故事对心灵的关照和沐浴。让我们把学生不可缺少的德育的"盐"放进故事的"汤"里，让学生去接受它，享受它，从而成长得更健康、茁壮吧！

第七节　呵呵，学生又迟到了

学生上课迟到是一种常见的现象，但是又确实是教师头疼的问题。来晚了，对迟到的学生而言，一方面，影响他们自己的学习，心跳怦怦地久久不能平静，跟不上教师的进度；另一方面，长此下去容易养成办事拖沓的坏习惯,对于以后的学习工作都极为不利。对于其他学生而言,听课的过程中闯进一个人,注意力会被干扰,教师的授课思路也会被打断。班主任有责任解决这一问题。

班主任处理学生的迟到本是常规化的教育行为。在班级管理实践中,却有为数不少的班主任在处理这一日常事务时采取了不科学或者无效的措施。究其原因,不外乎以下这些情况:有的班主任在认定学生迟到的性质方面有偏差。学生迟到分有意迟到和无意迟到,需要区别对待。为了逃避作业检查的有意迟到和搭错车的无意迟到处理方式应该是不一样的。班主任在认定学生的迟到现象时不加分析,只是按照自己的理解去应对,不可避免地存在认识偏差。有的班主任缺乏科学的处理能力。学生迟到的时间,大多数是几分钟。学生的"报告"声已经打扰了教师的正常上课,打断了其他学生的连续性思维链条,如果处理不恰当,就会使负面影响进一步扩大。如果不注意学生的自尊心的保护,甚至会发生师生僵持对峙的局面。迟到的处理考验班主任及时处理问题的能力。不少班主任因为及时处理问题的能力不高,在处理学生的迟到时采取了不科学的处理措施。另外,有的班主任的不良工作习惯会影响到处理效果。一些班主任的专业素养不够,有时会由着自己的性子来处理学生的迟到:心情好时,从轻处理;心情不好时,劈头盖脸地批评指责;心情平平时,轻描淡写地交代几句。

其实,学生迟到的处理,有别于旷课等重大违纪的处理。越是"小型"违纪的处理,越需要班主任的教育艺术。

案例一

巧妙的表扬

崔晓同学有迟到的坏习惯。第一次,我并没有过多地批评,而是希望他今后注意。第二天,他又迟到了,我笑了笑,对全班同学说:"崔晓今天不错,和昨天比,今天只迟到 5 分钟,很好。要是明天能准时就更好了!"崔晓有点不好意思地挠了挠头。接下来的日子里,他慢慢减少了迟到的频率。

今年高三碰到这样一件事,班级里有一位男生总是迟到,他还振振有词地说:"迟到就迟到,我又不怕。我现在只要成绩好,高考考上好的大学,迟到算什么。"其实他的成绩也不好,我知道他这是在找借口。如果用学校纪律来压制这样的学生,能有多少作用呢?我干脆在班级宣布允许他可以比其他同学晚到 10 分钟。一周下来他都能在规定的时间内到校,然后我就在班级中表扬,说他守信用。此时他坐不住了,对我说:"算了,我还是可以早一点到校的,但如果有一两次做不到,您也要原谅我。"听了这句话,我想我的教育是成功的。我通过部分满足他的表现欲,甚至是部分满足不太合理的要求,避免了师生直接冲突,调整了情绪,召唤了他内心深处的善。当然,此时我又趁热打铁,在班级上再加表扬说:"从这件事情上能看出你的素质就是高……",该生迟到的次数明显减少。

案例分析:

良言一句三冬暖。很多人都喜欢被"戴高帽",被表扬,不仅小孩子如此,大孩子也如此;而且被表扬了之后,下次犯错误的概率会减少。利用激励,使良好行为继续出现的方法在心理学上叫"正增强",它与"奖励"一词意义近似。增强之道,勿以善小而不为,勿以恶小而为之。每次迟到都批评不如在他不迟到时给予增强的效果更好。称赞、表扬、奖励都是增强的手段。

另外,处在青春期的中学生一般都有很强的自尊心,逆反心理比较强。他们往往吃软不吃硬:你越是要我这样,我偏要那样,看你能把我怎样!基于中学生这种心理状态,我们的教育管理应从尊重出发,从理解出发,从学生的心理发展规律出发。教育就是这样奇妙,你给予他,他不要,你不肯给他,他偏要得到。你读懂了他,他就接受你,你心里没有他,他心里也没有你,甚至会让你生气。

案例二

聪明的惩罚

于可又迟到了,看样子要履行上次与我的约定了:"本周内再迟到一次,任君处罚。""老师,您让我干什么我就干什么,您说吧!"学生表面上一副大无畏的表情,但是从他闪烁的眼神中,我能感觉出他的紧张。"你想,老师能让你干什么呢?"我故意问他。"值日?""不是。""罚站?""不是。""写检查?""不是。""请家长?"我又摇了摇头。于可更加紧张起来。

"实在想不出更严厉的了。李老师，您给个痛快话吧。"

看到学生实在着急了，我不慌不忙地说："正好这一期的黑板报要换了，你来负责吧，主题就是'严谨与惜时'。"于可惊讶地张大了嘴巴，原来这就是李老师的"惩罚"。在这一期黑板报的完成过程中，于可用心准备了大量相关的素材，并且邀请了他的几个铁哥们帮忙（其实，那几个孩子在这方面做得一直也有所欠缺），漂亮地完成了任务。不仅如此，他们几个利用这次黑板报，自发地在班级内发起了关于守时的倡议，全体学生在黑板报上签了名。一次聪明的"惩罚"，达到了教育全班学生的效果。也许这就是四两拨千斤的力量吧。

案例分析：

毋庸置疑，孩子犯了错误理应受罚。这是一种必不可少的教育手段，目的在于让他们明白事理。没有惩罚的教育是不完整的教育，没有惩罚的教育是虚弱的教育、脆弱的教育、不负责任的教育。然而，教师千篇一律的惩罚在不断地重复着，却收效甚微。如何惩罚其实大有学问，不能简单、生硬和粗暴。不少家长和教师实施的纯粹是一种报复性、解恨性的惩罚，出发点是想把孩子制服，使得他们不敢犯错误，害怕犯错误。可结果总是适得其反。

笔者认为，只有聪明的惩罚才能收到最好的教育效果。一场不一样的惩罚一定会让我们领悟到不一样的教育境界。科学的惩罚教育才是真正的爱心教育。教育的秘诀是真爱。

由此笔者想起另一个校长罚学生的故事。英国皮亚丹博物馆收藏了两幅画：一幅是人体骨骼图，一幅是人体血液循环图。这是麦可劳德小学时的作品。这个孩子有特别强的好奇心，老想看看狗的心脏是什么样的。有一天，他把校长的宠物狗杀了，校长就罚他画了这两幅画。麦可劳德后来成了著名的解剖学家。当年，那位可敬的校长保护了自己学生的好奇心。

这位校长对麦克劳德的"惩罚"实在是高明得很，起到了保护和引导他好奇心的作用。为了培养和造就更多的人才，成功的教育离不开聪明的"惩罚"。

善意的谎言

刚接班时,为了扭转班级早自习无法正常进行的局面,我和学生约定7:30前(比学校规定的时间早10分钟)到教室上早自习。在安排这一约定时,我放出"狠话":如果谁迟到了,不管什么理由,都将要受到"回家反省"的严惩;如果我迟到了,就由学生提出惩罚我的方式。

约定生效的第一天早晨,当我走进教室时,教室里一改乱糟糟的场面,鸦雀无声,学生们都在埋头看书。看来效果不错,我原本忐忑不安的心理变成了一种暗自得意。

正在得意时,我突然看见有一个座位是空的——那是谢宝同学的位置。怎么会是他呢? 在我的印象中,他是一个中规中矩、性格内向的学生,没有一次违纪的记录。我有心"放他一马",但昨天我已经在学生面前把话说"死"了,不处罚他的话,以后其他学生迟到了我又如何面对呢? 这一次,我如果在大庭广众之下责令他"回家反省",性格内向的他以后如何面对大家? 想来想去,我最终决定还是"放他一马"。

以怎样的方式"放过"他呢? 走出教室,犹豫间,远远地看到谢宝从走廊那头跑过来。

谢宝气喘吁吁地跑到我跟前,手足无措地站住了。

"怎么迟到了?"我把脸一板。

"我,我,我错过早班公交车了。"谢宝有点结结巴巴地回答,看得出,他有点紧张。

"你就不能早点出来等车啊?"我继续用生硬的语气询问。

"我以为来得及的,老师,我不是故意迟到的。"谢宝的脸涨得通红通红的。

"不论是不是故意的,事实上你迟到了。你自己说说,该怎么处理吧?"我面无表情地说。

谢宝低着头,一语不发。

看看表,我知道早自习马上就要结束了,我便"命令"道:"我今天很忙,明天再处理你迟到的事情。你去办公室帮我把昨天印的练习题拿到教室里分发。"说这些话语的时候,我的脸上仍没有"放晴"的迹象。

等谢宝抱着厚厚的一堆练习题卷子出现在教室门口的时候，全班同学发出了长长的"啊"声，接下来就是纷杂的抱怨习题太多的声音，同学们都忽略了班级中有一位同学迟到了。我心里终于松了一口气。第二天，我也没有去处理谢宝迟到的事情。

第二天早上，当我打开谢宝的作业本要批改时，作业本上有一句话："老师，我明白了您的苦心，谢谢！学生谢宝。"我以为自己已经做得不落痕迹了，没想到还是让他看出来了。

案例分析：

当保护学生和遵守规则冲突时，善意的谎言保护了学生脆弱的自尊。笔者想，在以后的工作中，在处理那些有特殊背景的学生出现的问题时，是不是应该多"撒谎"呢？理应如此！

什么是教育？教育就是心灵与心灵和谐交流的一种艺术，更是让生命自由、让心灵放飞的艺术，你钳制不得，压制不得，"冷"不得，"硬"不得，更"刹"不得。我们只有小心呵护，我们只有以心换心，我们只有宽容尊重，才能唤醒学生，感召学生，激励学生，才能有良好的教育愿景。

正如教无定法一样，学生管理也无定法。大教育家孔子几千年前就提出"因材施教"，现在的我们是不是可以"因人而育"呢？答案可想而知。如何真正做到呢？那要多动脑，多思考。

常言说得好，一把钥匙开一把锁。教育学生又何尝不是这样，面对一个个性格各异、个性鲜明、可塑性强、活生生的学生，青年教师凡事要本着对学生负责的态度，教育批评学生的同时要尊重学生；在严与爱中把握好批评的方法与艺术。

第八节　这样也是一种教育

这是另一种思路的教育案例。

案例四

亲其师，信其道

期末考试正在紧张进行中。语文考试结束，我刚从考场回到办公室，陈老师送过来一张纸条:"喏,这是你们班级刘艺的。他在考场上用手机作弊,还传纸条。你来处理吧。"

唉,又是他!

刚监完考身心俱惫的我有些恼火,抬脚就要到教室找他,转念一想,现在我自己的情绪都不能有效地控制,会不会将事情越解决越糟糕呢?还是放一放,等一等吧。我又重新坐了下来,开始考虑怎样处理这个事情会比较有效。与这个孩子接触的点点滴滴涌上心头。

我是半路接班担任班主任的。刚接班时这个孩子是我们班级典型的"另类分子"。平时学习爱学不学的,成绩一塌糊涂,但是又喜欢对教师评头论足,经常给教师"指点一下工作",对我这个班主任也不例外。尤其对我的严格要求,他更是不能接受。连理发之类的事情都被他指责为多管闲事、有病。现在期末考试又发生这样严重的作弊事件。

该怎么办呢?现在去找他,批评教育一番,肯定能在班级"杀一儆百",不过这是我想要的效果吗?不去找他,这又不是小事情。我苦苦思索,终于做出了决定:既然想不出好法子来,那就索性先不处理了,静观其变吧。

一天过去了,两天过去了。刘艺毫无动静,并且丝毫没有主动找老师承认错误的迹象。难道他真能当作什么事情没有发生过?我边观察着这个学生,边心里敲着小鼓。但是想起陈老师曾跟我说过,没收纸条时他曾经非常紧张,并且恳求不要把手机交给班主任,说明他对规章制度还是保持最起码的畏惧感的。我决定再观察一天。

第三天,发生了让我感到很意外的事情。化学课上,学生们踊跃地讨论着问题。突然,刘艺举手。我走过去,他小心翼翼地问:"老师,这个题目应该怎样考虑?"对于他来说,主动问老师问题,这可是前所未有的事情。我给他仔细讲完后,心中窃喜:有门!

下了课,我把他请到办公室来,肯定了他前段时间的进步,并且指出了几点不足,其中包括他的仪容仪表、出勤等问题。这一次,他没有像以往一样反驳,反而真诚地说会改进。到最后了,我突然停顿了一下,考虑怎么跟他说考试作弊的事情。这时,他脸上的表情也凝重了下来,很明显,下面要谈的这件事情是他意料中的。我突然做了一个我自己都意想不到的决定,轻轻跟他说:"你回去吧。"

好像什么都没有发生过一样,这件事情就这样不了了之了。但是最后的结果也是我意想不到的:

刘艺此后人前人后都尊称我为"姐",以示与我之间关系的与众不同;

刘艺此后若有错误,我给他指出来,他一改以往的桀骜不驯,虚心接受;

在后边的几次考试中,我询问了他所在考场的监考老师,得知其在考场上表现为"能够严格遵守考试纪律"。

案例分析:

这件事情启发了笔者,让学生能够"亲其师,信其道",其实是一门艺术。学生做错事的情况是经常发生的。想要很好地达到教育学生的目的,教师在解决问题的过程中,要讲究时机与方式。

在时机上,要分轻重缓急。像这一次的事情,如果一开始就冲出门去,紧紧追问,会出现两种情况:一是学生蒙混不下去,就承认错误;二是产生抵触心理,与教师的关系恶化。教师应当给学生机会,让他能够静下心来思考;给学生时间,让他做出一个正确的选择。这样处理问题,对有的学生来说效果可能更好。

在方式上,笔者想是不可千篇一律的,宜出人意料又在情理之中为好。当学生不以小过为耻的时候,宜适当引申,以突出这样做的后果,并且认真处理,以显示自己的严格,同时要让学生明白,这样做是真心地关心他。当学生认为"大祸临头"而又无助的时候,适当地放一马以显示自己的宽容,而且学生会记住教师的"恩情"的,他会认为教师是在真心地帮他。

美国教育心理学家古诺特博士曾深情地说:"在经历了若干年的教师工作之后,笔者得到了一个令人惶恐的结论:教育的成功和失败,'我'是决定性因素。身为教师,我具有极大的力量,能够让孩子们活得愉快或悲惨,我可以是制造痛苦的工具,也可以是启发灵感的媒介,我能让人丢脸,也能叫人开心,能伤人,也能救人。"

古诺特博士的话在告诉我们,教育不是强迫性地给予,也不是随心所欲地雕刻学生。教育应该是"一棵树摇动另一棵树,一朵云推动另一朵云,一个灵魂唤醒另一个灵魂"。这应该才是青年教师工作最大的意义吧。

第九节　众人划桨开大船
——班级学生自我管理的实验报告

一、研究背景

近年来,随着素质教育在学校全面深入地展开,以学生为主体的民主的教育思想已渐渐深入人心,一系列新的问题也摆在了德育工作者面前。班级管理处于学校管理的重要位置,但是师生之间不良的教育关系仍然存在。在以班主任为中心的权威管理下,学生缺乏主人翁意识,更无从做到全面发展。以上的问题如不能得到很好的解决,那素质教育、以学生为主体都是一句空话。长期下去,对学生的身心发展也极其不利。因此,必须对传统班级管理模式进行改革。

① 学习了魏书生老师的民主管理和精细化管理后,笔者受到了很大的启发。在魏书生老师的班级中,制定的"法规"有30多项,语文的单项规定达20多项。甚至于座位排定,都由学生自主搭配。当然,每位教师面对的学生有自己的实际情况,不能纯粹地采用"拿来主义",但是这种民主意识,值得我们在学生管理中好好学习。

② 对传统班级管理模式进行改革是班级管理现状的要求。进行这样的实验,是力图把班主任从机器警察的角色中解放出来,便于有更多的精力进行教学工作及其他更精细化的管理工作。

③ 对传统班级管理模式进行改革是学生能力培养的要求。苏霍姆林斯基说:"没有自我教育,就没有真正的教育。"学生能力的培养,从大处说,是对学生一生发展的要求,从小处说作用更实际,便于实现高中三年的班级管理工作的科学性、有序性、有效性。

二、研究目标

本课题研究的目标:探索在高中阶段实施以"人人有事做,事事有人管"为主的德育教育的有效途径和方法,努力实现以下目标。

① 通过实验研究,探索以"人人有事做,事事有人管"方式来提高班级管理实效性,逐步完善班级学生自我管理模式的理论和实践操作的内

容、途径和方法,推动班级文化建设。

② 促进实验教师尤其是青年教师教育管理水平和科研能力的提高,树立教育教学科研出成果意识,带动教师用科学思想和智慧积极投身于班级管理工作。

③ 使全体学生形成良好的习惯,提高学生的道德认识水平、是非判断能力、自我管理能力及应变能力,有利于学生全面发展。

三、实验过程

这项实验并不是简单的"人人有事做,事事有人管"的分工,而是一个长时间多内容的立体工作,甚至可以称它为班级管理小工程。

第一步:铺垫性工作。

笔者刚接班的一个月内,班级内只安排了卫生委员和学习委员两个班委。原因如下:这两名学生学习、品质、工作能力有目共睹,是大家公认的榜样。确定这两名学生的职务会在班级内起到表率作用。其余的班委及课代表等职务,在班会中笔者宣布,现阶段暂不做任何安排,全凭兴趣和责任心自己主动去做。这样安排的用意如下:① 给班主任争取了充分时间观察学生的能力、性格、品质等,便于后面有针对性地指导学生工作安排。② 充分发挥学生主动性,给学生留下了充分的空间进行自我管理。当时班级管理的结果是:班级内所有的工作,全都有学生在做,甚至于连关门、关电这样的小细节工作以及墙上粘贴物等小事,都有学生主动去做。至于课代表等工作,有些学科甚至出现 3～4 人抢着做的现象,体育委员的任务有两人同时承担,卫生委员的工作有两人同时承担。

当然,要达到这样的效果,并非单纯地依靠学生的主动性。班会中应加大宣传力度及关于学生能力培养的教育,让学生明白,多做事,做好事,对他们来说有多重要。至于班长职责,如学校开会、班主任有事布置或者班级事务中遗漏的管理,实行了值日班长制。每个学生一视同仁,每人做一天值日班长,班级内大小事务由当天值日班长统一安排,并记录班级日志,进行当天总结。这种值日班长制,使优生能力得到了充分的体现。很多弱生,由于从未担任过班级负责工作,所以值勤时工作被动一些。但笔者认为这么做可取,因为弱生在工作中得到了平等待遇,所以尽管表现一般,但态度很好,并且有利于他们把这种被激励的感受迁移到学习上来。

第二步:实行双向选择。

　　将班级的工作分类并设岗 35 个,张贴在教室墙上供学生选择。在选择岗位时,先让学生们自己选择,学生在教师提前设计好的申请表上填报一到两个志愿,然后教师根据实际情况,在征求学生意见的基础上统一协调,为每一个学生安排一个自己比较满意的、适合他们特长的岗位,让每个学生都能发现自身的优势,树立自信心,培养责任心,然后根据情况保持岗位上人员的一定流通性。在再次分配岗位时,如遇到几个人竞选同一个岗位,就让他们竞争上岗。因为学生在第一阶段的自我表现中,对班委工作岗位已经有了较为贴切的感受,所以在工作选择中基本上都比较有针对性。并且,整个班级工作分配得较合理,班主任只要进行微调即可。整个班级工作由三个支队承担,每人都有一项任务,就此"人人有事做,事事有人管"正式拉开了帷幕。具体班级分工见表 1-3。

表 1-3　班级管理分工明细表

学习习惯阳光支队	语文课代表	
	数学课代表	
	英语课代表	
	物理课代表	
	化学课代表	
	生物课代表	
	政治课代表	
	历史课代表	
	地理课代表	
	信通课代表	
	美音课代表	
	体育课代表	
	学习委员	
行为规范督察支队	早　读	
	午自习	
	午　休	
	卫　生	

行为规范 督察支队	课间操	
	下午自习	
	晚自习	
	课　间	
	仪容仪表校卡	
班务管理 爱心支队	会计出纳	
	上报学校材料	
	电　教	
	桌椅公务	
	窗帘橱柜	
	讲台讲桌	
	灯·电·门	

　　阶段性成果：尽管个别素质不高的学生责任心和能力还需要不断强化，但是可喜的是，大部分学生因为工作是自己选的，也就是他们的兴趣所在，所以责任心较强，很快就能将自己的工作承担起来。如中午午休负责管理的是两个平时较内向且成绩平平的学生，本来令人担心。但从实施第一天起，班主任一进教室，里面早已鸦雀无声，两人通过耐心提醒、周全服务、小组积分等各种"软硬兼施"的方式将午休工作管理得井井有条。如果没有这样的平台，恐怕两个学生在这方面的优点很难有表现的机会。在这项活动的开展和完善过程中，班级经历了一次考验。班主任生病七天，在没有代班主任的情况下，任课教师和学校反馈回来的情况显示，整个班级按部就班、有条不紊地运行，基本达到了预期目的。

　　友情提示：

　　① 有些工作岗位要求岗前培训，如课代表工作。上岗前要组织课代表们开会，大家说一下工作思想，交流一下工作方法和技巧，并且强化一下责任心，工作效果会更好。

　　② 教师绝不是当"甩手掌柜"，而是从台前主导转为幕后参谋，起到军师作用，帮助学生解决他们面临的管理上的困难，并且帮助协调解决学

生在合作过程中的矛盾。

③ 班规慢慢成形。学生们要想管好自己负责的事务，就需要规章制度。学生自发分组制定出相应规章制度，如卫生条例、两操规定，并且利用班会时间全体讨论通过。

第三步：实行民主后的集中。

活动开展两个月，学生的主人翁意识得到了加强。许多学生以前从未担任过班级"要职"，现在值日班长工作也能做得像模像样了。但也暴露出来一些问题：学生能力参差不齐，有些工作成为班级管理中的薄弱环节，具体体现在面对突发的意外状况，能力较弱的值日班长不能及时到位且有效管理。为帮助这些学生提升能力，并且弥补班级管理的漏洞，笔者招聘班主任助理。笔者在后黑板上写了《招聘启事》，诚聘班主任助理，附上招聘条件、待遇、报名时间，实际上就是要在全面培养学生的基础上，给有管理特长的学生搭台唱戏。

共计六名班主任助理应聘。像预料中的一样，这六名班主任助理具有共同的特点：品学兼优，能力强，在学生中号召力强。每周一位班主任助理给班级事务掌舵，在班级中起到了中流砥柱的作用。紧接着，笔者在班级内开展班长职务的竞聘，班长从这六人中产生。

这样，在笔者班级实行了一套相互监督、相互服务的机制，不仅人人有事做，而且做事有值日班长、班主任助理、各责任块同学三者之间相互监督、相互提醒、相互制约，实行网络化管理。对于落实情况反馈，用激励政策代替考核或打分，每两个月对个人或支队进行表彰，对做出突出贡献的学生特别予以表扬。

班级中除存在着三个支队外，还有六个小组。班级工作虽然设岗，但很多班级工作不是个人能力能完成的，有很多工作都需要小团体的团结合作才行。因此，班级的"人人有事做，事事有人管"活动，其实还有第二层含义：分工中的合作。

整个班级双向选择又分为五个兴趣活动小组，每人报一两项，如表1-4 所示。学生自行安排活动时间，班主任可根据学校安排的主题或班级情况给活动小组安排任务。以班刊为例，学生出版班级官方编辑和学生自发编辑的两种刊物。班级博客、黑板报、文化墙，只要主题明确，活动小组都会交上令人满意的作品。这样既丰富了学生业余生活，又引导了学生思想,培养了学生能力,在活动过程中也有助于教师全面地了解学生,因材施教。

表1-4　班级主题活动管理组分工明细表

班会主题设计组	
节日庆祝活动组	
班刊博客活动组	
艺体竞赛活动组	
板报宣传报道组	

四、实验结果与分析

① 学生精神风貌健康向上,班级凝聚力强,创造力强。分班时年级各项排名都倒数,一跃变成无论是学习成绩还是各项活动都遥遥领先。

② 班级良好的学习成绩也增强了学生的自信心和荣誉感,学生以班级的严格管理为荣。学生个体进步很大。有的学生以前总和教师、班干部作对,不服管教,自己体验到了管理者的辛苦,变得自觉了,配合其他同学的工作了;有的学生以前自私又蛮横,在同学中没有威信,现在变得有集体感了,会关心人了。

③ 对于常规管理工作,基本上做到了班主任在与不在都一样。卫生值日出现问题时,会有卫生委员进行自查纠正;自习课出现问题时,会有纪律督管员按照班级制度严加管理;服饰不合格的,会有仪容督管员进行提醒和制止。小到饮水机开关、物品摆放、关灯锁门,大到学校主题活动,都有学生负责。班主任工作重心从简单的重复性的常规管理转移到培养学生学习兴趣、全面发展学生能力、引导学生思想等更有"含金量"的方面。

五、实验的结论与讨论

在整个班级管理的过程中,最大的体会就是当教师给学生机会时,学生会给我们惊喜。当班主任就好比父母,如果什么都是父母包办代替,那是培养不出成才的子女的,而应该是在民主地对待他们的同时,充分发挥他们的自主性,适当的时候加以引导。

我们都说,当教师的应该蹲下来与学生讲话,但是,对学生的尊重与平等,并不应该仅仅体现在形式上,"蹲下来"更多的应该是思想上。民主是相对的,是否需要更彻底一些值得我们进一步探讨。

学生人人有事做,班级事事有人管,培养了学生,解放了教师,并不意味着弱化甚至是忽视班主任的管理作用。相反,它对于教师的能力和智慧提出了更高的要求,要求班主任能更高屋建瓴地把握班级的发展趋势,避免自我管理随意化、无序化,以至于进入自我管理的误区。因此,班主任要勤观察、勤督促、勤指导,使班级沿着正确的轨道发展。

一个班级是一个大花园,只有百花齐放,才能香飘满园;一个班级是一片星空,只有群星争辉,才能星光灿烂;一个班级是一片大海,只有无数浪花的搏击,才能涌起滔天飞浪。有首歌唱得好:"一支竹篙耶,难渡汪洋海;众人划桨哟,开动大帆船。"只有真正发挥学生的主动积极性,才能使班级这艘大船劈波斩浪,驶向成功的彼岸。

第二章
基于技术理性的教师专业发展

第一节　课时学习目标的叙写方法

目标是教学设计的灵魂,只有目标清晰,教师才能关注学生到底应该学什么,学会了什么。只有目标清晰,评价设计才能全面。目前教学设计目标的呈现形式有两种:教学目标和学习目标。

一、教学目标

顾泠沅教授说:"教学目标是教学目的的系统化、具体化,是教学活动要达到的每一阶段、每一单元要实现的教学结果或所要达到的质量标准,这种结果或标准又必须是可以用外显的、能观察到的行为而加以界定的。"教学目标是从知识与技能、过程与方法、情感态度与价值观三个维度来设定的。以鲁科版《化学1》第三章第四节为例设计教学目标如下:

1. 知识与技能

(1)使学生认识镁的还原性和主要用途。

(2)使学生认识氯、溴、碘单质的氧化性和氧化性强弱比较。

(3)使学生认识溴及其化合物的主要用途。

2. 过程与方法

通过对氯、溴、碘单质的氧化性和氧化性强弱比较的活动探究,使学生学会应用氧化还原的原理设计实验探究物质氧化性或还原性相对强弱的方法。

3. 情感态度与价值观

（1）使学生了解海水中微量元素的存在和应用，及其在工业生产和高科技领域的潜在价值，认识综合开发利用海水化学资源的重要意义。

（2）通过对海水中化学资源的开发利用的学习，使学生认识海洋对人类的重要性，学会关注和珍惜自然资源。

教学目标具体而精准地表达了授课结束时教师需要完成的教学任务。但是，如果直接把这个目标呈现给学生，尽管也能发挥目标的指向作用，指导作用却打了折扣。这是因为教学目标与学习目标之间既有联系，又有区别。

教学目标与学习目标的相同之处表现在以下两方面。

首先，二者提出或制定的依据相同。无论是教学目标的提出还是学习目标的制订，都必须以课程标准为依据，将内容标准分解形成教学目标或者学习目标。

其次，二者对教学所起的作用相同。无论教学目标还是学习目标，都是教学过程的出发点和归宿，都对落实教学大纲、制订教学计划、组织教学内容、明确教学方向、确定教学重点、选择教学方法、安排教学过程等起着重要的导向作用。

当然，二者之间也有不同，如出发点就略有侧重。在依据标准、教材的基础上，学习目标还要考虑学生的认知规律、实际情况等因素。

二、学习目标

学习目标由五大要素构成：学习主体、学习内容、行为表征（行为动词）、学习环境（行为条件）、表现程度（行为程度）。比起教学目标，学习目标更多体现出以下特点。

1. 主体性

学习目标是从学习者的角度来设定的。学习目标的检验是评价学生学习的结果有没有达到，而不是评价教师有没有完成某一项工作。因此，学习目标的陈述必须从学生的角度出发，陈述行为结果。也就是说，学习目标描述的主体应该是学习行为的主体——学生，而不是教师。

2. 可测性

学习目标应该说明学习者通过学习后，能做到什么程度。其表述要具有可观察、可测量的特点。陈述的方式多使用动宾结构的短语,如"说出范德华力的含义,解释范德华力对物质性质的影响""能用公式表示出物质的量与微粒数目的关系""举例说明碳酸氢钠的用途"。

学习目标的可测性要求行为指令选词尽可能规范,表达尽可能清晰,如"叙述世界海洋盐度分布的大势""能在填充图上填出主要山脉和河流"。不同能力层级的外显的行为动词举例如下:

(1)识记(对信息的回忆):为……下定义、列举、说出(写出)……的名称、复述、排列、背诵、辨认、回忆、选择、描述、标明、指明;

(2)理解(用自己的语言解释信息):分类、叙述、解释、鉴别、选择、转换、区别、估计、引申、归纳、举例说明、猜测、摘要、改写;

(3)分析(将知识分解,找出各部分之间的联系):分析、分类、比较、对照、图示、区别、检查、指出、剖析;

(4)综合(将知识各部分重新组合,形成新的整体):编写、写作、创造、设计、提出、组织、计划、综合、归纳、总结;

(5)应用(将知识运用于新的情境中):运用、计算、示范、改变、阐述、解释、说明、修改、定出……计划、制订……方案、解答;

(6)评价(根据一定的标准进行判断):鉴别、比较、评定、判断、总结、证明、说出……的价值。

表2-1中将这些行为动词对应的教学目标中的不同要求等级进行了分类,可作参照。

表2-1　学习目标常见的行为动词

			各水平的要求	行为动词
知识性目标	低↓高	了解水平	再认或回忆事实性知识;识别、辨认事实或证据;列举属于某一概念的例子;描述对象的基本特征等。	说出、知道、了解、认识、熟悉
		理解水平	把握事物之间的内在逻辑联系;新旧知识之间能建立联系;进行解释、推断、区分、扩展;提供证据;收集、整理信息等。	说明、理解、解释、比较、权衡、找出、选择、识别、调查
		迁移应用水平	归纳、总结规律和原理;将学到的概念、原理和方法应用到新的问题情境中;建立不同情境中的合理联系等。	掌握、分析、归纳、概括、确定、判断、优化、改进

续表

各水平的要求				行为动词
技能性目标	低↓高	模仿水平	在原型示范和他人指导下完成操作。	模仿、尝试
		独立操作水平	独立完成操作；在评价的基础上调整与改进；与已有技能建立联系等。	会、能、学会、进行、完成、制定、识读、绘制、画出、检测、安装、操作、运用、使用、选择
		熟练操作水平	根据需要评价、选择并熟练操作技术和工具。	掌握、实现、灵活运用
情感性目标	低↓高	经历(感受)水平	从事并经历一项活动的全过程，获得感性认识。	感受、参与、经历、体验、交流、讨论、观察、调查、参观
		反应(认同)水平	在经历基础上获得并表达感受、态度和价值判断；做出相应的反应等。	关注、提出、获得、确认、欣赏、发现、判断
		领悟(内化)水平	建立稳定的态度、一贯的行为习惯和个性化的价值观等。	养成、形成、具有、树立、确立、发展、保持、增强

3. 具体性

学习目标中指令表述要注意到影响学生产生学习结果的特定的限制或具体的范围，包括辅助手段、时间限制、行为情境，必要时需要提供信息或者提示，如“在5分钟内完成……”“能在填充图上填出……”“小组讨论时能够叙述……”。

4. 个体性

课程内容标准所指向的表现程度通常是指学生通过一段时间的学习后所产生的行为变化的最低表现水准或学习水平，用以评价学习表现或学习结果所达到的程度。学习目标的设计，需要关注到学生的个体差异。目标的差异性，不仅通过不同的行为动词体现，而且还应该体现在不同的量化标准上，以满足学生不同的需求程度。举例来说，“至少列举一种事实来证实第三周期的性质递变”，对于不同水平的学生而言，根据自身的水平可以回答出一种，也可以多种。

三、学习目标的叙写案例

只有制定了明确的、有效的学习目标，才会对教师的教、学生的学起到明确的指导作用。下面是一位青年教师针对“海水中的化学元素”设计的学习目标。

> 1. 了解从海水中提取镁的方法,认识镁单质的还原性和重要用途。
>
> 2. 了解溴和碘单质的重要物理性质,学习分离物质的两种重要方法——萃取和升华。
>
> 3. 认识到氯、溴、碘单质的氧化性和氧化性递变顺序及溴单质和溴的化合物的重要用途。
>
> 4. 了解海水中微量元素的存在和应用及其在工业生产和高科技领域的潜在价值,认识到综合开发利用海水化学资源的重要意义。

上述学习目标的设计,最突出的问题是目标陈述技术不规范。以第一条为例,如何知道学生已经了解了从海水中提取镁的方法?学生认识镁的性质和用途的方式是什么?整个学习目标中只有知识对象描述,而目标实现的条件、目标达成的检测要求均没有体现。

在此基础上,该青年教师进行了调整。第二次学习目标设计如下:

> 1. 能够说出海水中常量元素和微量元素的定义,能够说出海水中的11种常量元素。
>
> 2. 能够说出海水提镁的流程并能正确写出相关的化学方程式。
>
> 3. 通过观看实验录像,掌握金属镁在二氧化碳中燃烧的特性,能正确写出这个化学方程式,并能从这个反应中总结出金属镁的还原性。
>
> 4. 通过观察溴单质和碘单质的外貌和在不同溶剂中的溶解度,能够记住溴单质和碘单质的颜色、状态以及溴单质、碘单质易溶于有机溶剂中的特点;能够正确说出萃取的定义以及萃取需要满足的3个条件,并能正确选出萃取剂。
>
> 5. 小组合作完成学案中氯单质、溴单质、碘单质氧化性比较的

实验,记录实验现象,完成学案中的实验表格,并能主动进行交流。能够通过这个探究实验正确总结出氧化性的顺序,并能够正确做出随堂检测的相关题目。

6.能够说出海水中的元素在生产生活中的一些重要应用。

深入地分析本节学习目标的再设计,仍然能发现问题:部分知识点如升华缺失;学生实验探究任务不够明确;学生在实验基础方面的薄弱环节的设计不够到位等。在第三次分析基础上,完成了本节学习目标的最终设计:

1.能够说出海水中常量元素和微量元素的种类。列举至少三项海水中元素在生产生活中的重要应用。说出海水中微量元素在工业生产和高科技领域的潜在价值。

2.能够说出海水提镁的流程,正确写出相关的化学方程式。

3.通过实验,掌握镁的化学性质,能正确写出相应化学方程式,从中总结出镁的还原性。

4.通过观察,能够记住溴单质和碘单质的颜色、状态;通过对比溴、碘在不同溶剂中的溶解实验,总结出溴、碘易溶于有机溶剂的物理性质。

5.归纳利用萃取和升华分离物质的条件,能画出实验装置简图,能写出主要仪器名称。

6.在小组合作探究时,能通过比较数据、设计方案完成卤素化学性质相似性和递变性的总结,并从原子结构的角度进行解释。

四、学习目标叙写的关键环节

在逐步修改并最终制定明确、具体、清晰的学习目标的过程中,总结出完成学习目标的确定和叙写的三个关键环节。

1.把握教学内容,确定整体体系

先从研读课标、考纲、教材开始,把握好整个模块的体系和每个知识

点的功能与价值,即为什么要学这些知识,它们承载了化学学科哪些方面的学科思想和核心观念;这些知识是如何整体规划、逐级实现的;教材又是如何组织和呈现这些课程内容的。以课时学习目标为例,要进行相关课标内容的价值分析(如学科价值、应用价值、学生认知发展价值)、教材分析(如教学目标、课时划分、教学重点、教学难点、教学方法)。理解透彻了,才能把握好这节课的核心思想,才能找到这节课的目的。上述案例二次设计中实验方面不足,就是因为相关内容的课程标准没有悟透。

2. 学情分析确定起点

学情分析包括两方面:一方面是学生的实际基础和起点,另一方面是知识本身的认知基础、关键点、障碍点与发展点。如果学生基础较差、习惯不好,学习新内容时缺乏必要的知识基础支持,又没有好的学习方法指引,就需要教师降低目标要求等级,尽量让大多数学生能够接上他原有的认知起点。此外,在知识方面还要注意将学生从已有发展区慢慢引入最近发展区,实现无缝衔接,帮助学生完成自主的知识构建。

3. 学习目标的科学叙写

依据学习目标的五个要素和四个特点,学习目标的科学叙写的定义就是用规范的语言表述出基于课标分析和学情分析而设计的学生需要达到的具有可测性的质量标准。这样设计的学习目标自然就融合了教学目标中的三维思想。

教学目标是教师给自己设定的,便于指导教师自己明确一节课的内容是什么,如何在教学过程中根据教学目标来调控教学行为。学习目标是教师给学生设定的,用来指导学生在学习过程中不断地向这个目标靠拢,直至最终实现学习目标。教学目标和学习目标制定得合适、贴切,必能使教学更加高效有序。

第二节 "互联网+"的教学设计研究
——以化学元素化合物教学为例

当前,"互联网+"下的教育冲破传统教育模式的禁锢,为课堂教学带来创新和活力。在"互联网+"背景下进行的课堂教学环节的设计和成效的分析,不仅延伸了教与学的时间和空间,而且提升了教与学的高度和深度,充分体现了"以学生发展为本""提高学生的科学素养"。本节以化学学科中元素化合物的教学为例,探索了"互联网+"的课堂教学设计,从中能看出"互联网+"在教学中发挥的巨大作用。

元素化合物知识是中学化学的基础和骨架,在知识的类别上属于事实性知识或陈述性知识,约占中学化学教学内容的60%。元素化合物的教学对提高化学教学质量具有十分重要的意义。在元素化合物知识的教学中如何体现"以学生发展为本""提高学生的科学素养"是教师需要不断探索的问题。

课堂是教学的主阵地。"互联网+化学教学"的应用,使化学课堂的教学改革如虎添翼。在元素化合物部分的课堂教学改革中,"互联网+"更体现出丰富课堂教学内容、有效利用教学资源、提供理想的学习环境等优势。"硫"的二次备课使用了同样的素材,摒弃了传统教学的元素化合物的思路,在"互联网+"背景下对化学元素化合物的课堂教学设计进行了研究。

一、初稿(讲案)

课堂引入:请看视频(播放视频)。

这样的火山喷发地球每年都有。火山除了带给我们这么壮观的景象以外,还能带给我们什么有用的东西?(肥沃的土壤、地热资源、硫黄矿)

这是常见的两种硫单质——斜方硫和单斜硫,互称为同素异形体。(PPT 2)这是火山口附近的硫黄矿的挖掘情景。当然,现代社会已经不再采用这种古老的运输方式。

这是现代硫黄的运输情况。(PPT 3)

最新资料显示,世界硫黄的产量急剧增加(PPT 4),但是仍然供不应求。这是什么原因呢?就是因为硫黄在生产生活中用途广泛。你知道硫黄有哪些用途吗?(学生交流,PPT 6、7、8、9)

今天我们就来学习硫的相关知识。

板书:第三节　硫的转化

1. 硫

回忆:研究一种物质性质的基本程序是什么?(四步)第一步,观察物质的外观性质。我们可以从哪几个方面认识硫单质的物理性质？提示一下：细心的同学从现代硫的运输中能读出一些对你现在的研究有价值的东西吗？

请根据提供的试剂，小组合作，设计实验，并且书写小组汇报卡。（实物投影仪展示）教师点评（副板书）：实验方案设计的注意事项：取样、用量、仪器、条件。

实验卡

1. 试剂和仪器

蒸馏水、硫粉、二硫化碳、酒精、小试管、酒精灯、试管夹、药匙。

2. 实验注意事项

CS_2 挥发，并且有毒。请在装入试管后马上塞上橡皮塞。

【实验探究1】研究硫单质物理性质的实验。

请小组代表来汇报一下自己小组的研究结果。

【归纳总结1】

（1）硫的物理性质（PPT 1、2）：黄色、固体、难溶于水、易溶于二硫化碳、微溶于酒精、熔点较低。

实验方案设计的注意事项：取样、用量、仪器、条件。

（2）硫的化学性质。

我们继续研究硫的化学性质。第二步，从哪几个方面预测硫可能具有的化学性质？学生以小组为单位研究问题组1，而后组长负责交流答案。

【问题探究1】

（1）从物质类别的角度，预测硫单质可能与哪几类物质反应，并各举一例，书写化学反应方程式。

（2）从元素化合价的角度，预测硫单质可能具有什么化学性质，并分析上题中硫的氧化性和还原性。

第三步，对于预测的硫的化学性质，我们现在用实验加以验证。

【实验探究2】实验目的：运用所学氧化还原反应的知识，利用所提供的试剂、仪器,设计实验证明硫单质的氧化性和还原性,并验证反应产物。

实验卡

1. 试剂和仪器

硫粉、铁粉、蘸有 NaOH 溶液的棉花球、燃烧匙、酒精灯、石棉网、玻璃棒、盛有氧气的集气瓶(底部有少量氢氧化钠溶液)、玻璃片、稀盐酸、品红试纸。

2. 实验注意事项

(1)硫燃烧的产物有毒,可用氢氧化钠溶液吸收产物。

(2)SO_2 气体能使湿润的品红试纸褪色,SO_3 不会使湿润的品红试纸褪色。

(3)Fe^{2+} 溶液:浅绿色;Fe^{3+} 溶液:棕黄色。

请先独立设计方案,之后小组内交流讨论,将小组最终方案记录在小组汇报卡上。

小组代表汇报两个实验设计。教师点评 1:注意实验方案设计的注意事项,即取样、用量、仪器、条件。教师点评 2:二价铁和 SO_2 的检验方法问题。

统一思路后,各小组实施实验方案。(PPT 17)

第四步,独立完成【归纳总结 2】。学生板书方程式。

$$Fe + S \xrightarrow{\text{加热}} FeS \qquad S + O_2 \xrightarrow{\text{点燃}} SO_2$$

【问题探究 2】

实　验	现　象	化学方程式	硫表现出的性质
硫与铁反应			
硫与氧气反应			

(1)书写铁粉和氯气的反应,比较硫黄与氯气氧化性强弱。

(2)推测硫黄与铜反应的产物,书写硫与铜的反应方程式。

【归纳总结 2】

(1)硫单质居于硫元素所有价态的中间价态,所以既有氧化性,又有还原性。

（2）硫的氧化性较氯气的弱，与变价金属反应金属呈现较低价态。

硫元素的类似变化在自然界中也是同样发生的。我们一起来看自然界中不同价态硫元素间的转化。播放动画。

2. 自然界中不同价态硫元素间的转化

【问题探究3】

（1）煤炭燃烧会生成 SO_2 气体，根据硫元素在自然界中的转化，推测酸雨的主要成分。

（2）从不同角度对硫元素在自然界中的存在形式进行分类，并寻找不同分类结果之间的规律。（物质类别、化合价及两者之间关系角度）

今天我们重点学习了硫单质、硫的其他化合物及其相互之间的转化，下一节课继续探讨。

【拓展提升】

（1）我国古代四大发明之一的黑火药的一种简单配方为"一硫，二硝，三木炭"。黑火药爆炸的化学方程式：$S + 2KNO_3 + 3C = K_2S + 3CO_2 + N_2$。教师注意提升学生的民族自豪感。

① 分析硫单质在这个反应中体现的性质。

② 设计实验分离黑火药中的三组分。

（2）我国制造硫酸的历史可以追溯到7世纪。早期的硫酸工业都采用硝化法，设备生产强度低，产品浓度只有60%～76%。现在我国是世界上最大的硫黄进口国，进口硫黄主要用于生产硫酸，技术的提升改进了硫酸的工业生产流程并将产品浓度提高至98%。请设计以硫黄为原料制取硫酸的流程。

（3）根据硫粉与浓硫酸反应的实验回答以下问题：

① 该实验中产生的能使湿润的品红试纸褪色的气体是_____。

② 从硫元素的价态变化来看，你认为实现的转化有_____。

③ 请试着写出该实验的化学反应方程式。

【课堂小结】

学生知识总结、教师方法总结。

讲解：当然，在生活中，我们也会听到关于硫及其化合物的新闻。请记住,别用化学制造问题,请用化学解决问题。

为纪念化学学科所取得的成就及其对人类文明的贡献,联合国将 2011 年定为"国际化学年"。口号是"化学,我们的生活,我们的未来"。相信同学们一定会学好化学,让化学造福我们的生活、我们的未来。

二、修正稿(教案)

见下页表 2-2。

三、教学设计分析

1."互联网+元素化合物"的课堂教学环节

本节课的教学过程分为五个环节,各环节安排如图 2-1 所示。

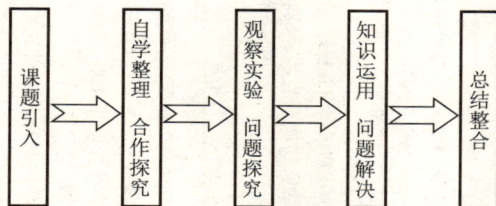

图 2-1 "互联网+元素化合物"的课堂教学五环节

在"互联网+元素化合物"的教学中,互联网的应用主要体现在以下方面。

(1)基于学习任务单的课前预习。

在课前预习中,学生利用 iPad 或其他手持硬件设施,通过网络接收学习任务,查阅教师提供的学习资源进行自主学习,或者自行查阅网络相关信息进行个性化学习。学生之间互动答疑,生成的问题为教师备课提供有针对性的教学参考。

学习任务单分为课前预习区和自我检测区两部分,包括学习任务、学习内容、参考资料、自我检测和存在的疑惑。学生先根据任务单进行自主学习,包括查阅大量的元素化合物在生产生活中的应用等资料、观看污染性实验录像、了解物质的微观结构和变化等。"硫"这一节课的自学网页中,教师提前补充了大量的硫在生产、生活中应用的实例和新闻;然后,学生将不理解的问题提交到平台,由其所在的学习小组来帮助答疑,教师和其他小组的学生也可以参与讨论。

表2-2 "硫"的教学设计

环节	教师活动	学生活动	教学意图
课题引入	【播放】新闻：火山喷发。	被新闻中火山喷发的壮丽景观所吸引和震撼。	创设课堂探讨的情境。
	【设问】火山喷发带给人类什么？ 【补充】俄罗斯开发火山喷发为旅游景点的案例。	依据生活实际和预习知识回答：火山喷发的不仅是灾难，还有巨大的能量，大量含硫气体和含硫矿石。	从化学的角度看世界，使学生认识到自然界给人类提供的宝贵资源，并且以火山喷发作为切入点，逐渐让学生接触含硫物质。
	【设问】火山喷发产生的含硫物质在自然界中是怎样转化的？ 【引入】自然界中含硫物质多种多样，并且硫的不同价态之间可以进行转化。这种转化，在实验室中也可以实现。今天我们从最简单的硫单质开始学习。	根据课本知识用语言描述火山喷发出的含硫物质在自然界的转化过程。	1. 落实学生的预习情况。 2. 使学生明确不同价态的硫在自然界中的转化。
自学整理 合作探究	【布置自学整理任务】 1. 查阅资料，设计实验探究硫的物理性质。 2. 预测硫的化学性质并加以验证。 3. 将对硫单质的认识进行归纳并整理在表格中。 【提出合作探究要求】 1. 同学们可以通过实验用品和iPad中的电子资料和硫的自学网页进行查阅和加以验证。 2. 自学整理的基础上进行小组合作探究。 3. 小组内仍然解决不了的问题，请组长负责整理，记录在小组汇报卡上，上交给教师，一起研究解决。	1. 物理性质的研究。从观察硫粉的外观，查阅硫的同素异形体的图片，操作实验验证硫在水、二硫化碳等溶剂中的溶解等。 2. 化学性质的研究。首先根据课前预习中的引导从预测硫的类别和化合价两个角度预测硫的化学性质，然后通过电子资料中的实验视频加以验证。	1. 以问题驱动学生学习，以学生参与为主体，通过自主查阅相关资料，培养他们学习的主体意识。 2. 利用好实验用品、iPad等资源为学生的探究提供开放式学习环境，培养他们的探究能力、实验能力、同学之间的协作能力。

续表

环节	教师活动	学生活动	教学意图
自学整理	【指导】 1. 规范学生实验操作。 2. 随时为学生答疑，并给予方法指导。 3. 指导学生处理好小组的问题卡。 4. 收集学习小组的问题卡。	3. 总结硫的性质：从物理性质、化学性质，用途三方面进行总结。	3. 在实验中学生会遇到一些问题，通过探究将有关问题解决了，可以培养他们解决问题的能力，同时，有助于暴露他们学习中的不足。
合作探究	【板书】引导学生书自学成果，并且相互补充。	小组的学生代表到黑板上展示自学成果，小组之间相互补充。	提高学生搜集、处理信息的能力，培养口头表达能力。
	【展示】实物投影仪问题比较集中的小组的问题卡。 【指导】引导学生相互之间答疑。	学生问题可能集中点： 1. 硫的熔点高低判断。 2. 硫黄对食物的漂白。 3. 硫在水和酒精中溶解度的差别。 4. 硫和铁的反应。	利用学生小组间合作互助的学习方式，简单问题由学生解答。
观察实验	【演示实验】比较硫在水、酒精中溶解能力的改进实验。 【设问】观察到什么现象？得到什么结论？	学生观察实验现象，分析实验结果。	通过对实验的观察和分析，强化学生实验探究的思想。
问题探究	【演示实验】硫单质与铁粉反应的改进实验。 【设问】问题组1：(1) 观察到什么现象？得到什么结论？(2) 根据现象预测产物中铁元素的化合价，并说明判断依据。(3) 已知FeS难溶于水，但易溶于酸，$FeS+2HCl=FeCl_2+H_2S\uparrow$，若要利用化学方法检验产物中铁元素的化合价，设计方案，简要写出实验步骤、现象和结论。 【演示实验】演示学生设计的方案，对假设加以验证。	1. 学生观察实验现象，分析实验结果，完成问题组1。 2. 小组讨论设计验证方案：(1) 从产物颜色判断可能为FeS。(2) 产物与盐酸反应后滴加高锰酸钾溶液，若紫红色消失，证明假设正确。 3. 学生个人完成问题组2。	使学生明确，化学探究活动是一个完整的过程。探究实验之后需要做出详细的总结和概括，要对实验中出现的问题给予解释。这样有利于培养学生良好的科学素养。

续表

环节	教师活动	学生活动	教学意图
观察实验 问题探究	【设问】问题组2:(1)对比氯气与铁、硫单质与铁反应产物中铁元素的化合价,能否比较硫气氯气氧化性强弱?(2)Cu有+1、+2两种常见化合价,推测硫黄与铜反应的产物,写出化学方程式。 【播放】实验视频:硫单质与氢气反应。 【设问】观察到什么现象?得到了什么结论?结合硫与氧气的反应,总结硫与非金属反应的规律。	1. 学生观察实验现象,分析实验结果。 2. 根据上述事实,总结硫单质的氧化还原性特点:既有氧化性,又有还原性。常体现氧化性,但氧化性比氯气弱。	引导学生用氧化还原反应的理论分析硫的性质。
	【总结】硫单质氧化还原性的特点。	1. 分析本节课硫参与的反应的化合变化。 2. 总结硫单质的氧化还原性的特点。	引导学生用氧化还原反应的理论解决硫的性质分析,使学生对氧化还原反应的理论有更深层次的认识和理解。
知识运用 问题解决	【指导】指导学生思考解决实际问题。	学生独立思考作答,而后小组讨论研究,最后选派代表讲解问题集中的题目。	联系实际,将所学知识与实际问题紧密结合起来,培养学生关注生活、用化学知识解决实际问题的能力。
总结整合	【总结1】方法方面,进一步熟悉了研究物质性质的方法。 【总结2】知识方面,完善了对硫单质的认识,包括物理性质、化学性质、用途。	1. 学生以本节课的硫的性质探究、硫和铁反应产物的探究等为例,总结研究物质性质的基本程序。 2. 有兴趣的学生课后研究如何以硫黄为原料制取硫酸。	引导学生不仅要重视知识方面的积累,也更要重视科学方法方面的培养。

续表

环节	教师活动	学生活动	教学意图
总结整合	【播放】雾霾视频。 【讲述】硫及其化合物在为人类造福的同时，有一些负面新闻，到底是天使还是魔鬼呢？我们一起倾听硫及其化合物的宣言。（改编化学诗） 【倡议】别用化学制造问题，请用化学解决问题。因为化学是我们的生活，是我们的未来。相信同学们一定会用好化学，让化学造福我们的生活和未来。	联系实际、学以致用，深刻地感受到化学与生活紧密相连。	1. 教育学生要辩证地认识化学物质，虽有危害人类的一面，但更多的是对人类有益的一面。 2. 使学生初步体会硫元素在工业方面的转化。

（2）基于网络交互的课堂探究。

元素化合物的性质探究离不开实验。在"自学整理合作探究"中，学生通过互助，进一步利用网络资源查阅资料，讨论解决问题；学生也可能持不同观点，相互质疑，碰撞思维。学生合作探究的成果通过平台进行共享。在"观察实验问题探究"中，教师根据课前预习和合作探究的数据统计，先展示有价值的问题，然后用课堂实验或视频资料进行重点点拨，达到学习升华。"硫"的教学中，硫与钠的反应视频播放、硫与氢气的反应视频播放、硫和铁的改进实验演示、硫在水和酒精中溶解度的比较实验、硫化亚铁的检验实验等教材的补充和改进，也都是在课堂网络交互的基础上设计并实现实施的。

（3）基于数据统计的学习检测。

在"知识运用问题解决"环节，利用设备实时课堂测评后，教师通过对结果进行数据分析，进行及时有效的个性化指导，并且利用此数据指导学生的课后巩固。

（4）基于网络平台的协作备课。

针对学生课前自主学习的情况，教师利用网络平台进行大数据分析，及时了解学生课前自学中遇到的共性问题，有针对性地集体备课、设计和调整教学。本节课中"观察实验问题探究"环节四个问题中的三个，就是在课前数据分析和"自学整理合作探究"的基础上设计的。这种备课机制使得教与学的活动目的和活动内容更加明确，更加有针对性。另外，电子教案、微课库、课件库等的共享为教师更高效地备课提供了强有力的支持。

2."互联网＋元素化合物"的课堂教学成效

"互联网＋元素化合物"的课堂教学设计，利用互联网打破了传统的元素化合物的教学边界，从知识建构的发展性、教学内容的整合性、合作过程的开放性、教学过程的立体性、教学评价的及时性等方面改变了传统的课堂教学形式，针对学生的问题来组织教学内容，充分体现了学习者的主体地位，真正使"信息技术对教育发展的革命性影响"成为现实。

"互联网＋元素化合物"的教学成效主要体现在五个方面。

（1）知识建构的发展性。

"互联网＋元素化合物"课堂教学中的探究三部曲"自学整理合作探

究—观察实验问题探究—知识运用问题解决"是本节课的核心环节,并且环环相扣,层层深入。只有在互联网的基础上,才能实现这种基于最近发展区理论的知识建构的课堂小翻转。基于元素化合物部分以叙述性材料为主的知识特点、容易理解但记忆量大的学习特点,首先,让学生根据已有知识自学,不懂的地方发挥小组合作的作用互助;再有小组不懂的地方,那就一定是本节课的难点,由教师统一在课堂上引导学生共同探究,如果是本节课的重点但是学生觉悟不到,教师也可以利用这个环节进行强调;最后,在学习了知识的基础上学以致用,检测学生的掌握情况。这种课堂流程尊重了学生的认知规律,培养了学生的探究能力,让学生成为课堂上真正的主人,教师充分发挥引导者作用。

（2）教学内容的整合性。

元素化合物的知识信息量较大,与生产生活联系应用的时效性较强。基于互联网的元素化合物课堂教学设计正是借助互联网、电子书包所提供的大量信息,根据时代和社会的要求,吸收最前沿的知识,实现对元素化合物知识信息的处理和组合,遵循现代知识快速更新的节奏,为学生提供具有丰富学习资源的环境。除此之外,学生也可以根据兴趣爱好和具体需求对知识进行取舍和整合,实现多学科之间相关知识点的跨界融合,以满足自身发展的需要。

（3）合作过程的开放性。

"互联网＋元素化合物"的课堂教学不仅开放了教师教与学生学的传统模式,也开放了教师之间、师生之间、学生之间的合作模式。从教师之间的合作来看,它打破了传统教学中教师的个体性和封闭性,使之不局限于开会集备等传统形式,而是利用网络实现经验、成果的共享,建立起更为便捷、有效的合作关系;从师生之间的合作来看,"互联网＋元素化合物"的课堂教学从学生的最近发展区出发,奠定了学生的知识自我建构者和教师的引导者、组织者的角色地位;从学生之间的合作来看,网络平台的使用使个性化学习成为现实,学生既可以自主学习,又可以通过网上互动、交流讨论等方式实现合作学习。

（4）教学过程的立体性。

"互联网＋元素化合物"的课堂教学组织和实施的立体性体现在:地域上,学生的学习场所延伸到了课堂之外;时间上,在节假日等课余时间,教师随时都可以利用网络平台组织学生互动、答疑；手段上，图形、文字、声音、动画、视频等多种媒介的融入，解决了元素化合物教学中常出现的开放性实验、危险性实验和污染性实验无法体验的问题，也帮助学生在第一时间掌握大量的元素化合物联系生产生活实际的素材，从而优化教学内容，提高教学效率。

（5）教学评价的及时性。

"互联网＋元素化合物"的教学形式，可以及时形成有效的教师评价和学生评价。课前预习阶段，学生通过完成课前检测的达标练习，检验自己的自学情况；教师根据网络记录能够了解学生课前的学习时间、存在问题，然后根据问题组织课堂教学。课堂巩固阶段，学生通过平台完成课堂检测，系统自动统计正确率和得分曲线，教师不仅能够及时了解每一个学生的做题情况，而且能够有针对性地讲解和个别指导。互联网大大提高了教学评价的及时性，帮助学生随时进行学习效果的评测，及时获取有针对性的诊断，帮助教师及时、准确地了解学生的反馈信息，调整教学进程。

"互联网＋元素化合物"的课堂教学设计，不仅要求教师继续研究元素化合物内容在培养学科素养方面的功能与价值，更要研究与互联网的优势相整合的教学模式，并促使新模式在实践中逐步完善，这对教师提出了更高的要求。不仅是元素化合物的教学，其他学科也可以利用"互联网＋"，采用适切的教学形式来助力。如何使"互联网＋"的教学方式更加常态化、科学化、有效化、全面化，如何提高我们教师的信息技术水平以更好地为教学服务，这是新课程理念下教师们遇到的新的挑战。

第三节　基于学科素养和学科特征的教学策略研究

基于学科核心素养的教学，首先要明白学科核心素养的内容。表 2-3 是各学科的核心素养。

表 2-3　各学科的核心素养

学 科	核心素养	学 科	核心素养
数 学	数学抽象	美 术	图像识读
	逻辑推理		美术表现

续表

学　科	核心素养	学　科	核心素养
数　学	数学建模	美　术	审美判断
	直观想象		创意实践
	数学运算		文化理解
	数据分析	艺　术	艺术感知
物　理	物理观念		创意表达
	科学思维		审美情趣
	科学研究		文化理解
	科学态度与责任	通用技术	技术意识
化　学	宏观辨识与微观探析		工程思维
	变化观念与平衡思想		创新设计
	证据推理与模型认知		图样表达
	科学探究与创新意识		物化能力
	科学态度与社会责任	信息技术	信息意识
生物学	生命观念		计算思维
	科学思维		数字化学习与创新
	科学研究		信息社会责任
	社会责任	英　语	语言能力
语　文	语言建构与运用		文化意识
	思维发展与提升		思维品质
	审美鉴赏与创造		学习能力
	文化传承与理解	日　语	语言能力
历　史	唯物史观		文化意识
	时空观念		思维品质
	史料实证		学习能力
	历史解释	俄　语	语言能力
	家国情怀		文化意识
思想政治	政治认同		思维品质
	科学精神		学习能力

学　科	核心素养	学　科	核心素养
思想政治	法制意识	德　语	语言能力
	公共参与		文化意识
地　理	人地协调观		思维品质
	综合思维		学习能力
	区域认知	法　语	语言能力
	地理实践力		文化意识
体育与健康	运动能力		思维品质
	健康行为		学习能力
	体育品德		语言能力
音　乐	审美感知	西班牙语	文化意识
	艺术表现		思维品质
	文化理解		学习能力

　　根据各学科的核心素养，各学科课程纷纷提出相应学科的教学聚焦点，尤其在课堂这个特殊教育场地里。因为课堂是教育改革的落脚点和起源地，所以我们希望核心素养最终可以贯彻于课程实施中，也必然要在课堂教学中，由教学主导者——教师以教学变革为抓手，实现教学的转型。

　　但是作为一线教师，我们在研究如何提升学生核心素养的时候，首先需要沉下心来思考一个学科的本质属性是什么，即核心素养的核心是什么。这个核心，奠定了一个学科的基本特点。

　　例如，语文就是语言学科，语言梳理和运用就是最为基础的素养，也是核心中的核心。其他方面——思维、审美、文化三个维度的发展都是立足于语言发展后的衍生品。这就决定了语文学科教学不能泛化，什么都套上来，尤其不能贴标签。语文学科课程实施一定要务本，也就是基于文本进行阅读教学。

　　例如，"宏观—微观—符号"的三重表征是化学的学科特点。对物质进行"宏观—微观—符号"的三重表征分析并且建立起三者间的联系是化学学科独特的思维方式，对形成学生良好的认知结构和化学素养具有重要的促进作用。现以分析电解质的三重表征为例,提出相应的教学策略。

电解质的知识是高中阶段化学学习中的一个重点,但是学生在这一部分的学习中,往往出现听课明白、做题就错,或者新课清楚、复习模糊的奇怪现象,究其原因在于没有抓住电解质这一典型的化学学科三重表征的特质的融合,实际上这应该是教师教学过程中的一个基本教学思想。

化学是一门研究物质组成、结构、性质和变化规律的自然学科。化学学科特点决定了化学学习中学习者需要对物质进行宏观表征、微观表征和符号表征三方面的感知,并且建立三者间的联系。这是化学学科不同于其他学科最典型的思维方式。离开三重表征,就不是化学。

一、化学的三重表征

1. 宏观表征

化学的宏观表征是指物质可以直接观察到的宏观现象在学习者头脑中的反映。这种宏观现象主要是指物质属性中物理性质和化学性质的外在表现。学生通过观察物质的形状、状态、颜色,或是通过观察化学反应时的现象如光、热、状态变化、数量变化、颜色变化来感知事物,从而在头脑中形成一系列多重感知,如黄绿色气体的图像、爆鸣声的声像、臭鸡蛋气味的嗅觉、用小刀切割金属钠的动作,最终形成对物质宏观表征的一种认识。

宏观表征的难度不大,是学生最容易接受和形成的表征形式。这种丰富的感性认识会为进一步的微观表征学习打下基础;宏观表征有记忆再现性,学生曾经感受到的情景在需要时会在头脑中重新浮现。比如,在以后的学习中遇到有关 SO_2 的问题时,学生会再现出当初观察到的 SO_2 的状态、气味以及通入石蕊试液、高锰酸钾溶液、氢硫酸、品红等溶液中呈现的一些图像表征。

2. 微观表征

化学的微观表征是指不能通过直接观察得到的微观领域的属性在学习者头脑中的反映。这种微观领域主要是指物质的组成、结构、反应机理等。在多种手段与工具的帮助下,通过想象微观水平上物质的内部结构、组成和微观粒子的运动、相互作用来感知事物,从而在头脑中形成一系列多重感知,如晶体结构的图像、对氧化还原反应中电子转移的理解,最终形成对物质微观表征的一种认识。

在中学化学中,微观表征的内容主要包括两部分知识:反映物质微观组成和结构的基本概念和化学反应原理知识。反映物质微观组成和结构的概念有原子、分子、元素、化学键、电子等。反映化学反应原理知识的有电离平衡、电解原理、盐类水解等。从认识论上来说,宏观表征到微观表征是学习者对物质从感性认识到理性认识的一次飞跃。

学生微观表征的形成,需要丰富的想象力,因为这个微观世界是看不见摸不着的。而对于学生在这方面能力的缺乏,教师可以通过讲解、多媒体演示、模型展示或用生活中类似的事物做比喻等方式来帮助学生理解。

3. 符号表征

化学的符号表征是指由拉丁文和英文字母组成的符号和图形符号在学习者头脑中的反映。常见的有用化学式、结构式等来表示物质的组成与结构,用化学方程式表示化学反应中各物质之间的关系,用原子结构示意图或电子排布式来表示原子的核外电子排布等。

这些化学独特的符号系统,具有特定的语言和语法规则,是化学学科进行思维和交流的最基本的工具。它们不仅有助于帮助学生巩固、加深对化学知识的理解和记忆,同时,是培养和发展学生抽象思维能力的一个重要的途径。能否正确地理解并应用化学符号,决定了学生能否用化学的方法来思考和解决问题,是体现学生化学素养高低的一个重要方面。

从宏观、微观、符号三种表征水平上来学习化学,能增进学生对化学知识的认识和理解。但是,这三种表征形式之间不应是孤立的,而应有机地融合起来,共同构成学习者对化学知识完整的表征系统。经过融合的多重表征的效果比单一的对物质进行的表征能得到更综合的学习效果,对事物的认识和理解也就会更加透彻深刻。

二、电解质知识的三重表征

根据化学的三重表征,我们将"电解质"中的重点知识进行如下分析,见图2-2。

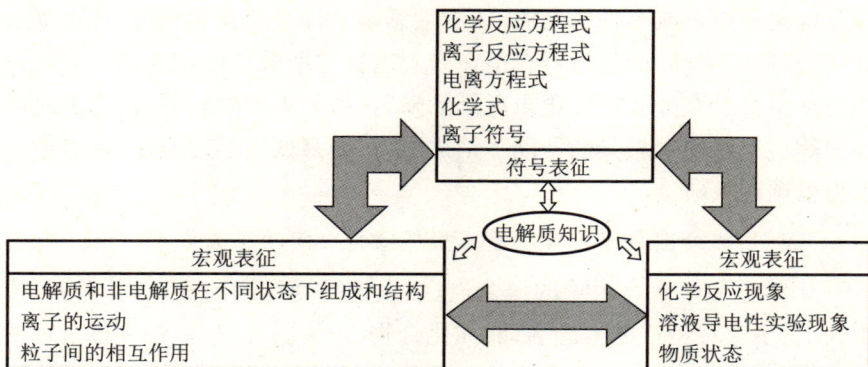

图 2-2 电解质知识点三重表征分解

三、三重表征融合的电解质的教学策略

1. 注重培养学生的三重表征意识

这一部分中新出现的电离方程式、离子方程式等，许多学生常常将它们当作孤立的符号去机械记忆，而不能有效地建立起宏观、微观和符号三重表征之间的联系，导致学习困难。这需要教师的引导和培养。

研究发现，学生对他们熟悉的事物比对那些他们不熟悉的事物更容易建立起联系。所以，可以从学生熟悉的物质入手，实现从宏观到微观或者从宏观到符号的转换。例如，可以从将农药溶解在水中达到一定浓度来为葡萄消灭害虫、污水处理厂中水质改进等情景入手，对溶液中粒子的存在形式进行判断，加深对微观表征和符号表征的理解。

另外，有意识地培养学生将化学符号与它所反映的宏观事物和微观结构的含义具体化，从而做到在理解化学用语意义的基础上进行技能的学习，而不是将化学用语当作"第二外语"去机械记忆。

2. 充分利用模型、图片、多媒体等直观教具

物质的结构和化学反应机理这些微观知识，由于是宏观无法认知的，学生学起来较困难，模型、图片、多媒体等直观教具却能够很好地解决这一问题。如讲氯化钠不同状态时的结构，由于钠离子、氯离子这些微观粒子我们无法看见，部分学生的立体概念又较差，这时可以利用模型展示固体氯化钠中粒子的堆积方式，利用动画软件使微粒放大，将离子的相对位置和运动方式演示出来。这些展示事物或事件的变化过程的方式，不仅有效地揭示事物或事件的实质,让学生领略了神奇的微观世界,使微观变直观,抽象变生动,而且符号表征在宏观表征方面的作用和在微观表征方面的意义得到充分体现。逻辑思维的障碍、抽象思维的障碍、语言表达的障碍等在这些辅助教具的帮助下消失了,从而降低了学习难度,使教学难点得以顺利突破。

3. 利用概念图展示宏观物质与微观结构之间的层级关系

化学学科中含有大量的概念,包括表示微观结构的概念(如分子、离子)和表示宏观特征的概念名词(如化合物、电解质)。可以绘制出合理的概念图,把这些概念按照从抽象到具体、概括性由大到小的顺序搭建图示。概括性最广的概念放在最顶层,越具体的越放在低层,展示各级概念间的层级关系,物质宏观表征和微观表征之间的关系脉络清晰。必要时可以将概念之间的关系标注其中。概念图对培养学生合理的认知结构发挥着重要的作用,有利于学生进行三者联系的理解。图 2-3 是一个简单的关于电解质等的概念图。

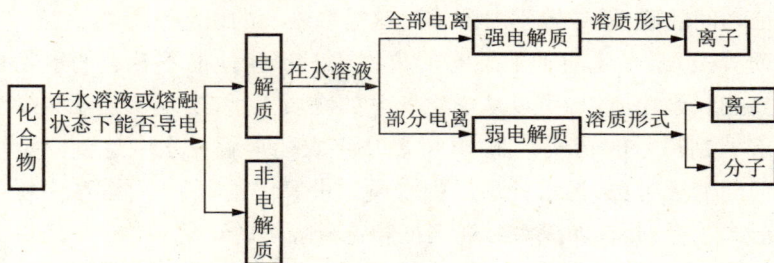

图 2-3 电解质概念及分类

4. 发挥实验教学对培养学生三重表征的作用

实验操作会使学生把宏观上观察到的现象等直接经验和物质的内部组成结构联系起来,使学生认识到宏观上表现出的物理或化学性质实际是看不见的各种形式的粒子在微观状态集体行为的表现,从而不再对外在性质感到疑惑。固体氯化钠和氯化钠溶液导电性的实验,通过对结果验证,证明两者导电能力的区别,让学生从宏观上观察到导电现象。当教师提出"氯化钠溶液是如何导电的"这个问题的时候,也就意味着进入物质的微观层面进一步寻求答案的认识历程。通过多媒体课件播放离子移动的动画过程,使学生们想象出水溶液中钠离子和氯离子是怎样在电流的作用下运动的,如同给学生展现出一幅排着整齐的队伍各自朝着不同的目的地前进的离子的画面,实现了从宏观到微观的转化。然后通过离子方程式的书写,在学生头脑中建立起三重表征的有机联系。以电离方程式为纽带,宏观表现出的性质和微观的电离过程共同构成了学生对氯化钠这种物质的认知结构。相反,同样是讲述电离的过程,如果在教学中缺乏对三重表征的有意联系,学生就不能形成整体统一的认识。这样表面上看起来学会了,但是知识缺乏灵活性和迁移力,不易于形成合理的认知结构。

　　因此,应该在三重表征的思想上,设计化学课堂教学思路,详见表2-4。

表2-4　"电解质"(第一课时)教学思路

研究阶段	研究顺序	知识内容	融合三重表征的活动设计
1	氯化钠溶于水发生了什么变化	电离	【展示并对比】固体氯化钠 【设问】1. 看到了什么? 2. 从组成和结构上又想到了什么? 将氯化钠溶解在水中 【设问】1. 看到了什么? 2. 想到了什么? 【提示】微粒的数目、种类有没有变化?发生变化的是什么? 【引导】猜想需要实验证明。 【实验探究】氯化钠固体和溶液的导电性。
2	从电离的角度区分化合物	电解质	【多媒体】氯化钠固体结构分析; 　　　　氯化钠溶液离子移动分析; 　　　　模拟熔融氯化钠导电的实验。 【实验探究】参照实验探究 1 的过程,检验盐酸、氢氧化钠溶液、硫酸钠溶液、蔗糖溶液、酒精溶液是否导电。
3	怎样表示电离过程	电离方程式	【问题组】1. 写出 H_2SO_4、$NaOH$、$NaCl$ 电离方程式。观察书写并分析电离方程式的作用。2. 书写给出物质的电离方程式,并思考酸、碱电离出的离子的共性。 【引导】讲解学生书写的意义,并指出电离方程式可以表示出微粒来源和数目关系。
4	从电离的角度认识酸碱盐	酸碱盐	【讨论提升】现有 100 mL 1 mol/L 的 $Al_2(SO_4)_3$ 溶液,你会想到什么?

第四节　基于教与学的有效性研究的听评课

什么是听评课？听课，就是收集证据，便于做出基于证据的解释与推论。评课，就是教师同伴合作研究课堂。听评课界定为教师专业共同体的合作研究活动。这种活动行为具有以下特点：首先，群体应当是由上课教师、听课者、学生等相关人员构成的专业合作体，这个合作体当中的主要行为是对话、分享，而不是强加和权力性质的领导；其次，听课和评课最重要的是要改变教师传统的单兵作战的专业教学方式，让他们在日常工作中积极寻找并创造合作机会。面对复杂的课堂教学中的问题，教师通过对话、倾听、讨论等交流方式开展合作研究。听评课合作体的形成与成效，最终取决于教师的文化。只有形成开放的、民主的、合作的教师专业共同体文化，听评课才能真正发挥促进学生有效学习和教师专业发展的作用。

一、评课形式

评课的活动形式可以多样化。除了传统的课后评课会议，"互联网＋实时评课"也是一个很好的研讨形式。听课教师们现场建立一个微信群，使用图文并行的网络实时评课，使宝贵的课堂活动和大家的即时评课得到完整记录。整个研讨过程伴随着课堂活动的进行而展开，活动结束后大家的点评清晰完整地呈现在授课教师的平台页面上。

二、评课关注点

听评课要关注哪些方面？青岛市教研室2011年设计并不断完善的高中化学课堂教学评价量表很有指导价值（见表2-5）。该量表不仅从教学的基本观念、教学情景的创设、教学内容的处理、教学基本功表现四个方面对教师的教学行为做出评价，还从学生的学习活动表现是否体现了自主性、探究性、合作性以及教学目标达成情况做出全方位的评价。高中化学课堂评价量表关注教师和学生的共同协作，关注学生参与主动学习的能力。这是基于教和学双方有效性研究的听评课。在量表的指导下，课堂精彩有效与否不再取决于教师一人的表演了，重点是看教师如何驾驭课堂，让学生最大程度、最大范围地参与到学习中，从而较科学、客观地对教师的教学行为给予评价。

表 2-5 高中化学课堂教学评价量化表

授课教师		课 题			时 间		
一级指标	二级指标	评价标准要求			量化评分		得分
教师的教学行为表现	教学的基本观念	能从学生已有的经验出发实施教学；重视三维目标的落实；关注"教学效益"；树立"以培养学生的科学探究能力"为目标的理念；贯彻"以学生为主体，体现学生学习的自主性"的教学原则。	10分	很好	9～10		
				较好	7～8		
				一般	5～6		
				较差	≤4		
	教学情景的创设	设置合适的情景，如问题组、实验、新闻报道、生活中的化学现象，让学生通过对问题的思考或对实验现象的描述、分析，完成对知识的学习。强调自主参与，重视引导学生自己发现和提出问题进行探究。重视合作交流，适时地组织学生进行交流和讨论。恰如其分地运用各种媒体手段，真正体现教学手段为教学目的服务的思想。	15分	很好	13～15		
				较好	10～12		
				一般	7～9		
				较差	≤6		
	教学内容的处理	教学内容符合课标要求，突出重点，突破难点；创造性地运用教材，重视联系社会生活实际，拓展学生的视野；深刻理解教学内容的内在联系，帮助学生构建合理的认知结构。最大限度地调动学生积极思维，思考力水平高。教学设计科学，教学模式优化。	15分	很好	13～15		
				较好	10～12		
				一般	7～9		
				较差	≤6		
	教学基本功表现	有较强的课堂调控能力，灵活处理课堂上出现的各种问题。语言准确，正确使用普通话；板书清楚、工整，版面美观；教态亲切自然；基本操作熟练规范。	10分	很好	9～10		
				较好	7～8		
				一般	5～6		
				较差	≤4		
学生的学习活动表现	自主性	① 提供学生积极、主动参与学习活动的机会。② 调动全体学生主动参与，防止顾及一部分而忽略另一部分（女生、差生、内向、不举手……）。	15分	很好	13～15		
				较好	10～12		

一级指标	二级指标	评价标准要求		量化评分		得分
学生的学习活动表现	自主性	③ 对学生的主动发言和积极参与鼓励接纳，禁止打断批评，耐心倾听学生的自由表达，鼓励不同意见，欢迎补充、质疑、"标新立异"或综合、改进。	15分	一般	7～9	
				较差	≤6	
	探究性	④ 使课堂充满求知欲（问题意识）和表现欲（参与意识），学生在课堂上主要通过自己的探究实践活动进行学习，积极发现问题，大胆提出问题。	15分	很好	13～15	
				较好	10～12	
				一般	7～9	
				较差	≤6	
	合作性	⑤ 恰当组织小组讨论，提倡组内合作、组间竞争，能够产生"感染的行为"和"竞争的努力"。 ⑥ 营造充满情趣的学习情境、宽松平等民主的人际环境，创设有利于体验成功、承受挫折的学习机会，设计富有启发性的开放式问题。	10分	很好	9～10	
				较好	7～8	
				一般	5～6	
				较差	≤4	
教学目标达成情况		学生通过积极参与教学活动，在知识技能、过程与方法、情感态度与价值观等方面顺利达成学习目标。	10	很好	9～10	
				较好	7～8	
				一般	5～6	
				较差	≤4	

评价意见与改进建议：

总　分

三、评课案例

以下是一节《物质结构与性质》（二轮复习）的教学设计，以及在此量表的指导下完成的观评分析。

《物质结构与性质》(二轮复习)【教学设计】

一、教学目标

【知识与技能】

1. 让学生认识元素电离能的概念及其内涵,知道主族元素电离能的变化规律,知道电离能与元素化合价的关系。

2. 让学生认知主族元素电负性的变化规律,知道主族元素电负性与元素性质的关系。会使用元素的电负性说明元素的某些性质,如比较元素金属性与非金属性的强弱,判断元素化合价。

3. 体会原子结构与元素周期律的本质联系,并进行相关问题的解释。

4. 理解杂化轨道理论的基本思想,应用杂化轨道理论解释典型分子中共价键的形成与空间构型。

【过程与方法】

1. 在概念的形成过程中学会分析图表、数据的方法。

2. 体会科学探究的过程和方法,体验从具体到一般,再从一般到具体的认知过程。

3. 积极主动的探求胜过消极被动的接受;好奇和不服输是不竭的动力。

【情感态度价值观】

1. 通过电离能、电负性等概念的学习,体验科学概念的价值,激励学生既要重视方法又要有勇于探索的精神,并在概念的深化和应用过程中进一步构建微粒观。

2. 了解鲍林的简介,以巨人为目标,向伟大靠拢,激发学生探索未知世界的兴趣。

【学习重点和难点】

主族元素电离能、电负性的变化规律,电离能、电负性与元素化合物的关系,杂化轨道理论的基本思想及利用该理论解释简单分子、离子的杂化方式与空间构型。

二、教学过程

环节一:凝疑导课

教师活动:展示近五年山东卷高考题呈现情况对比表格。在学习方法上二轮复习的侧重点有什么呢? 展示易错点、易漏点、答题规范性、思维模型。其中前三条解决掌握了知识点后怎么能拿到分的问题,第四条解决遇到全新的题目怎么能入题更快、如何去思考的问题。

序 号	考 点	2010 年	2011 年	2012 年	2013 年	2014 年
1	1～36 号原子核外电子排布		●	●		
2	电离能与电子跃迁				●	
3	电负性	●		●		
4	杂化方式★	●	●	●		●
5	空间构型与键角★	●		●		
6	化学键★		●	●	●	
7	配合物			●	●	
8	分子间作用力	●	●			
9	氢 键		●			●
10	晶体结构★	●	●		●	●

学生活动:对照高考题和考点分析进行基本知识的简单回顾,明确本节课的知识目标和学习目标。

设计意图:从知识和方法上介绍本节课的复习内容,使学生做到心中有数,更重视本节课的重点内容。

环节二:"板块一 原子结构与元素性质"

教师活动:出示例题,学生答完后实物投影一位学生的答案,协助学生进行易错点、易漏点、答题规范性方面的总结,并进行板书。

学生活动:独立完成例题,小组内对实物投影的答案进行讨论纠错。

设计意图:该题为改编题,针对的是学生的易错点、易漏点、答题规范性。例如:1.学生易在"元素名称、符号""电离能、电负性""由小到大、由大到小"等方面出现审题错误而失分,为此设计了例题1的(1)①③;2.学生答题时容易忽略填空题后的答题提示,如填"大于""小于"或"等于",而错误地写为">""<"或"=",为此设计了(1)④的第一问;3.语言叙述类题目的规范性方面学生在必要"采分点"上出现"漏点"而失分,为此设计了(1)②和④的第二问,并引导学生总结出语言叙述类题目的规范性注意事项:(1)用原子结构解释性质时,应从三个方面入手:① 最外层电子(或价电子);② 电子层数;③ 原子半径,进而用原子结构解释元素性质。(2)比较类题目:分别说出二者的结构特点,再分析得出结论。(3)洪特规则特例应用时应注意说明哪个轨道半满、全满。(4)在物质的性质分析方面,什么情况下以稀有气体结构为依据,什么情况下以洪特规则为依据,学生易搞混而出现失分。因此,设计了(1)③和(2)中 C、N、O 三种元素的电负性的比较。5.学生易忽略"各级电离能与化合价数值的关系"和"电负性与化合物中化合价正负的关系",因而设计了从题干表格中的各级电离能推断元素和(2)中的 C、H 两种元素电负性的比较。

教师活动:指导学生进行【核心知识点小结 1】:1.第一电离能、电负性大小的比较;2.电离能、电负性的应用。投影一位学生的总结,引导学生补充完善自己的小结。

学生活动:进行本板块核心知识小结,巩固所复习知识。

设计意图:此处只进行"核心知识"的小结,该小结应采用"重要考点知识＋自我知识漏洞"的小结方法,而每位同学在知识上的漏洞不一定是一样的。

教师活动:给出本板块的变式训练,检验学生的完成情况。投影学生答案。

学生活动:进行变式训练加以巩固,并检验所学知识的掌握情况。

设计意图:从易错点、易漏点、答题规范性三方面和大多学生的知识漏洞出发设计了本题,对重点知识加以巩固,并检验学生掌握情况。

环节三:"板块二 共价键 分子结构"

教师活动:出示例题表格,由学生进行常见的分子、离子的空间构型分类,并将自己所知道的多原子分子和离子按空间构型进行分类,判断其中心原子杂化方式。采用学生抢答板演形式,展示学生的掌握情况。引导学生进行补充,并分析杂化方式的判断方法。

学生活动:完成例题表格,每组代表黑板板书本组抢到的小题,并积极进行"举例"的补充,巩固了杂化方式和分子、离子空间构型的判断方法。

设计意图:学生已经会进行简单分子、离子的杂化方式和空间构型的判断,再次采取让学生进行分类的方法,通过回忆和梳理加深对方法的掌握,发挥学生的主动性,巩固重点知识。

教师活动:借助学生在黑板上列举的分子、离子的空间构型和杂化方式追问"分子、离子的空间构型和杂化方式的关系",再从另一个角度总结并完成下表。

	空间构型	
	无孤对电子	有孤对电子
sp^3		
sp^2		
sp		

学生活动:学生思考讨论"分子、离子的杂化方式和空间构型的关系",进一步巩固空间构型的判断方法。

设计意图:借助黑板上列举的分子、离子的空间构型和杂化方式,学生讨论总结出:(1)正四面体构型一定为 sp^3 杂化,平面三角形一定为 sp^2 杂化,直线形一定为 sp 杂化,三角锥形一定为 sp^3 杂化(有 1 对孤对电子),而 V 形可能为 sp^3 杂化(2 对孤对电子)或者 sp^2 杂化(1 对孤对电子)。(2)sp^3 杂化无孤对电子时为正四面体构型,有 1 对孤对电子为三角锥形,有 2 对孤对电子为 V 形,sp^2 杂化无孤对电子时为平面三角形，有 1 对孤对电子为 V 形，而 sp 杂化一定为直线形。从不同角度进行总结，可以更好地使学生理解重点内容，又避免了形式上的重复，激发了学生的兴趣，同时在进行表格总结时，配以典型分子作为模型，以培养学生的模型意识。

教师活动：请学生回答如果遇到了这种情况应该怎么判断。展示："多巴胺：恋爱分子，让我们有了爱的感觉。香兰素：奶油香精，让食物更加美味！"根据其结构简式判断：香兰素的分子中采取 sp^3 杂化方式的原子个数为_____，多巴胺分子中采取 sp^2 杂化的原子个数为_____。

学生活动：小组内讨论解决，1 名学生到投影仪上讲解判断方法。

设计意图：利用"恋爱分子""奶油香精"这两种学生感兴趣的有机物，创设情境，激发学生的兴趣。通过思考"当遇到较简单的有机物结构式时，应如何判断各原子的杂化方式"，训练学生熟练掌握有机物结构分析的原子替换法。这部分内容是杂化方式判断中学生较易出错的，故采用上述题目突破难点。同时给学生展示自己的机会，学生比教师更贴近学生，更容易受到其他学生的关注。

活动：进行【核心知识点小结 2】：1. 简单分子和离子的杂化方式的确定方法；2. 简单分子和离子的空间构型的确定方法和变式训练。投影学生的总结和变式训练答案，对知识进行巩固。

环节四：高考在线暨本节小结

活动：再次回到课前展示的 2014 年山东卷和新课标 I 中涉及今天复习内容的考题，学生完成后 PPT 直接给出答案，组长负责在小组内进行错题讲解。引导学生对照高考题和本节课的学习目标总结本节课的收获。

设计意图：回扣课前展示的高考题，检测本节课目标是否达到，既做了练习以巩固知识，又在学生顺利完成题目后使之意识到高考题也并不难，完全可以拿到满分，增加了学生在高考中得分的信心。

环节五：当堂检测

完成当堂检测，每空 1 分，共 10 分。学生完成后 PPT 直接给出答案，组长负责在小组内进行错题讲解。统计得分率，检验学习的效果。鼓励学生就自己还存在的疑惑进行提问，全班同学思考并予以解答，培养学生敢于质疑的能力。

四、观评分析

本节课是高三二轮复习课。这一节课让笔者想到了《学会生存》中的一句话："未来的文盲不再是不识字的人，而是没有学会怎样学习的人。"所以，"教育应该较少地致力于传递和储存知识，而应该更努力寻找获得知识的方法。"这堂课就很好地体现了这一理念，把课堂真正地还给了学生，是一节高效的课堂。

1. 教师的教学行为

以下从四个方面来评价本节课的教学行为：教师的教学理念、课堂教学情境的创设、教学内容的处理、教学基本功表现。

（1）教师的教学理念。

本节课树立了"以培养学生的化学素养为目标"的教学理念，既重视知识技能目标的落实，又重视过程与方法、情感态度价值观的培养；贯彻了"以学生为主体，充分体现学生学习自主性"的教学原则，能从学生已有的经验出发实施教学，重视引导学生自己发现和提出问题，重视合作交流，适时地组织学生进行交流和讨论；同时关注了课堂的"教学效益"。整节课设计流畅，切合学生实际。完整、清晰的脉络保证了学生形成完整的思维体系。

因为是复习课，教师很注重教会学生复习方法。以板块二为例，由学生进行常见的分子、离子的空间构型分类，并将自己所知道的多原子分子和离子按空间构型进行分类，判断其中心原子杂化方式。采用学生抢答板演形式，展示学生的掌握情况。引导学生进行补充，并分析杂化方式的判断方法。整个过程充分发挥了学生的主体性，教师只教给学生总结归纳的方法，让学生自己动手总结。

因为是复习课，教师很注重归纳总结与实际应用。本节课教师很少讲点上的知识，而是多讲线上和面上的知识。教师课前备课做了充分的准备，把线上和面上的部分或全部知识加以串联、提炼、比较和分类，让本使学生充满凌乱感的知识能"站起来""排好队"。例题是教师精心设计的一道改编题。在这个题目中，教师就将学生容易出错的几个方面由线到面地帮助学生进行了巩固。它既切合高考实际，又在难易程度上恰如其分。这样把理论与实例结合起来的教法比脱节开来明显有效。

（2）课堂教学情境的创设。

本节课教师合理利用了各种教学手段，如课前微课的播放就将学生的学习兴趣和探究欲望激起，课堂过程中电子白板使用恰当。这些教学手段的应用都非常贴切合理，更好地调动了学生的激情。

在教学情境的设计方面，教师克服了复习课的局限性，设置合适的情景，让学生通过对问题的思考完成对知识的复习与巩固。比如，教师利用"恋爱分子""奶油香精"这两种学生感兴趣的有机物，创设情境，激发了学生的兴趣。在教学过程中教师运用了问题情境加以导入，通过引发对相关问题的思考实现学生对知识的深入探究。教师将相关和相近的问题整理归类，组成问题组，从而使学生有足够的探究问题的时间和思维空间。

（3）教学内容的处理。

教学内容符合课程标准要求，突出了重点，突破了难点；深刻地理解教学内容的内在联系，可以帮助学生构建合理的认知结构。教学的依据是教材，但教师并没有过分依赖教材、局限于教材。在教学设计中，一方面教师充分挖掘教材知识内容的内在联系，依据学生认知规律进行合理的教学设计；另一方面，教师注重开发教材在能力、方法、情感等方面的价值，并在教学设计中加以体现，将其转化为实际教学行为。教师只有对教材进行深入的挖掘、剖析，才能在课堂上有效引导，做到胸有成竹、游刃有余；只有对每一个教学环节深入理解与把握，才有课堂教学中的有效落实。

整个教学过程教师都注重教学方法的引导，关注学习策略的形成，学习过程也是由浅入深，层层剥笋。为了巩固学生对学习方法的掌握，把学习能力落实到教学过程中去，教师在杂化方式的判断、空间构型的判断等环节还举一反三,出示习题,当堂进行专项训练,达到触类旁通的学习效果,从而让学生实现从不会到清楚、从学会到会学、从明白到巩固的发展过程。

(4)教学基本功表现。

① 教师教态从容,亲切自然,与学生互动融洽。

② 语调抑扬顿挫,有感染力。提出的问题简练,发挥了启发、引导、过渡、总结、激励等作用。

③ 板书简洁、娴熟,布局合理,提纲挈领,画龙点睛。

④ 课堂调控能力较强,能灵活处理课堂上出现的各种问题。

2. 学生的活动表现

本节课,教师运用了多种教学方式启发学生,激发了学生兴趣,提高了学生学习积极性。

师生交流互动充分。教师讲是为了引出内容的主线,这条线时常让其断开,把连接的任务交给学生,但要把学生的思路打开。一方面要让学生感到自己在知识的连接上已掌握的点和欠缺的点;另一方面通过学生的读可让教师及时了解他们在哪方面存在问题,如何采取对策。提出问题选题得当,有的问题通过设计成小组讨论、代表发言、教师总结等方式来完成。这种方式激发学生的学习热情,有较好的教学效果。

所以整节课在教师的调动下学生的活动表现是主动而富有个性的,学生的思维活动更是深刻而充分的。学生的活动表现充分体现了自主性、探究性、合作性。本节课中的学生爱学、会学、善学,体现出极强的学习主动性、自主性和创造性。因为化学学科以知识为基础,以思维为中心,教师能做到知识与思维的有机整合,使学生始终处于积极参与的状态。探究活动中,教师鼓励学生大胆猜想,小组讨论制订方案,小组协作探究,集思广益归纳结论。特别的亮点是,每组代表板书本组抢到的小题,并积极进行"举例"的补充,巩固了杂化方式和分子、离子空间构型的判断方法。知识建构自主,思维活动开放,促进了学生的发展。

3. 学习效果

"以学论教"是现代课堂教学评价的指导思想。学生学得自主,自然取得预期中的学习效果。学生在三维目标方面的变化与收获是看得见的。

（1）学生情感表现。

① 学生从学习、情景中获得学习的兴趣，从探究活动中获得合作交流的乐趣。

② 学生有足够的学习的空间与时间，学生就是课堂的主人，从而确立了主人翁意识。

③ 学生参与度广，多数学生在小组活动、发言等方面体验到成功的喜悦，从而提升自信心。

（2）学生能力培养。

① 观察能力。学生看得清楚、看得明白，尤其是对几种常见的分子的空间结构模型。观察能促进思维的发展，从而进入深层次的思考。

② 思考能力。通过从不同的角度总结轨道杂化方式的判断方法，培养学生敢于质疑，勇于创新，体验对比、归类的科学研究的方法，从而使学生养成良好的思维习惯。

③ 表达能力。学生能积极回答教师提出的问题，表述规范、有条理。

④ 应用能力。知其然，知其所以然，更要知其用。首尾呼应的高考真题的思考与完成正好用了本节课强化的规律，培养了学生运用知识解决实际问题的能力。

最后，说一说本节课的改进建议。

建议反思本节课学生评价是否及时、适度、有效。根据本节课的学生学习方式，建议增加小组学习评价表，通过激励来强化合作学习。

另外，微观结构内容的探究，具有丰富的教学资源。可充分利用模型、动画等教学方式，培养学生的微粒观。

第五节 我们可以这样说课

说课的类型很多，根据不同的标准，有不同的分法。说课按学科分为语文说课、数学说课、英语说课、音体美说课等；按用途分为示范说课、教研说课、考核说课等；按照上课时间分为课前说课、课后说课。从内容来分，说课可以分成两大类：一类是实践型说课，一类是理论型说课。实践型说课就是指针对某一具体课题的说课，而理论型说课是指针对某一理论观点的说课。对于一线教师来讲,无论是教师资格证考试、教师招聘考试,还是教学能手评比,最常见的是实践型说课。

实践型说课要包括以下内容。

一、说教材

说课首先要说明自己对教材的理解。说教材的目的有两个:一是确定学习内容的范围与深度,明确"教什么";二是揭示学习内容中各项知识与技能的相互关系,为教学顺序的安排奠定基础,知道"如何教"。说教材包括以下几个方面。

1. 说教材的地位和作用

要说明课标对所教内容的要求,脱离课标的说课是无本之木、无源之水,会给人一种虚无缥缈的感觉。还要说明所教内容在节、单元、年级段乃至整套教材中的地位、作用和意义,说明教材编写的思路与结构特点。

2. 说教学目标或者学习目标的确定

一说目标的完整性,无论是教学目标还是学习目标都应该包括知识与技能、过程与方法和情感态度价值观三个方面;二说目标的可行性,即教学目标要符合课标的要求,切合各种层次学生的实际;三说目标的可操作性,即目标要求具体、明确,能直接用来指导、评价和检查该课的教学工作。

3. 说教材的重点和难点

教学重点除知识重点外,还包括能力和情感的重点。教学难点,是那些比较抽象、离生活较远或过程比较复杂、学生难以理解和掌握的知识。要具体分析教学难点和教学重点之间的关系。

二、说学生

就是分析教学对象。学生是学习的主体,教师说课必须说清楚学生情况。这部分内容可以单列,也可以穿插在"说教材"部分里一起说。说学生包括以下内容。

1. 说学生的知识经验及技能基础

说明学生学习新知识前他们所具有的基础知识和生活经验及这种知

识经验对学习新知识产生什么样的影响。分析学生掌握学习内容所必须具备的学习技巧，以及是否具备学习新知识所必须掌握的技能和态度。

2. 说学生的心理特点及行为风格

说明学生不同年龄的心理特点，以及由于身体和智力上的个别差异所形成的学习方式与风格。

3. 说学生已有的基础与待发展的知识与能力之间的障碍点

确定学生的最近发展期便于有针对性地设计教学手段和教学策略。

三、说教法与手段

就是说出选用什么样的教学方法和采取什么样的教学手段，以及采用这些教学方法和手段的理论依据是什么。

1. 说教法组合及其依据

教法的组合，一是要考虑能否取得最佳效果；二是要考虑师生的劳动付出是否体现了最优化原则。一般一节课以一两种教学方法为主，穿插渗透其他教法。说教法组合的依据，要从教学目标、教材编排形式、学生知识基础与年龄特征、教师的自身特点以及学校设备条件等方面说明。教学过程是教与学的统一过程，这个过程中教法和学法是同步的。因此，教师在说课时还要说明怎样教会学生学习方法和规律。

2. 说教学手段及其依据

教学手段是指教学工具（含传统教具、课件、多媒体、计算机网络等）的选择及其使用方法，要尽可能使用现代化的教学手段。教具的选择一是忌多忌频，使课堂教学变成教具或课件的展览；二是忌教学手段过于简单，不能反映学科特点；三是忌教学手段流于形式。还要说明是怎样依据教学目标、教材内容、学生的年龄特征、学校设备条件、教具的功能等来选择教学手段的。

四、说教学程序

说教学程序就是介绍教学过程设计，这是说课的重点部分。因为只有通过这一过程的分析才能看到说课者独具匠心的教学安排，它反映了教师的教学思想、教学个性与风格。也只有通过对教学过程设计的阐述，才能看到教学安排是否合理、科学和艺术。教学过程通常要说清楚下面几个问题。

1. 说教学思路的设计及其依据

教学思路主要包括各教学环节的顺序安排及师生双边活动的安排。教学思路要层次分明,富有启发性,能体现教师的主导作用和学生的主体作用。还要说明教学思路设计的理论依据。

2. 说教学重点、难点的处理

教师高超的教学技艺体现在突出重点、突破难点上。这是教师在教学活动中投入精力最大、付出的劳动最多的方面,也是教师的教学深度和教学水平的标志。教师在说课时,必须有重点地说明突出教学重点、突破教学难点的基本策略,也就是要从知识结构、教学要素的优化、习题的选择和思维训练、教学方法和教学媒体的选用、反馈信息的处理和强化等方面去说明突出重点的步骤、方法和形式。

3. 说各教学环节的时间分配

要联系实际教材内容、学生实际和教学方法等说出各个教学环节时间安排的依据。特别要说明一节课里的最佳时间(20～25分钟)和黄金时间(15分钟)是怎样充分利用的。

4. 说教学设计及其依据

说教学设计的依据可联系教学内容、教学方法、师生特点等加以解释。说板书设计,主要介绍这堂课的板书类型是纲目式、表解式,还是图解式等,什么时候板书,板书的具体内容是什么,板书的展现形式是什么,等等。板书设计要注意知识科学性、系统性与简洁性,文字要准确、简洁。

五、说教学效果的预测

教学效果是教学目标的归宿和体现。教学效果的预测,既是教师实现教学目标的期望,又是实现教学目标的自我把握程度。教师在说课时,要对学生的认知、智力开发、能力发展、思想品德的养成、身心发展等方面做出具体的、可能的预测。

根据化学学科的特点,笔者总结出下面化学说课的通用模板。

各位评委老师:大家好!我要说课的内容是"**"。本节课教学设计的一个重要的理念是想办法让学生动起来。通过提供素材,设计问题,让学生自己思考,自己发现结论,这就是建构主义理论倡导的以学生为中心。另外,概念课比较抽象,学生理解有难度,我会利用具体的例子,把抽象的内容变得具体,降低学生的学习难度。

下面我将从教材、教法、学法、教学程序四个方面对本节课做出说明。

一、说教材

1. 教材所处的地位和作用

本节课是 ** 版化学必修 * 第 * 章第 * 节第 * 课时的内容。本节是学生认识 *** 的起始课。

从教材的体系看,它是 ** 的延续和深化,又是 ** 的基础,所以从体系上看起承上启下的作用。

从研究方法看,它是研究 ** 方法的补充以及从本质上分析 ** 的必备技能,是中学生现在乃至以后学习化学、从事化学专业的知识和能力的重点。

2. 学情分析

(1)在知识上,学生已有的基础:已经学习了 ** 等有关知识。

(2)在能力上,学生已有的基础:已经初步具备了观察能力、实验能力、思维能力。

(3)局限的认识。

(4)在兴趣上:学生喜欢 **,学生对本节课会有所期待。

3. 学习目标

依据教改精神、课标要求及学生情况,确立学习目标如下:

(1)知识与技能目标。

(2)过程与方法。

(3)情感态度价值观。

4. 教学重点和难点

(1)教学重点。

（2）教学难点。

二、说教法

为了实现上述目标,基于教材分析和新课程改革"以人为本、学为主体"的理论认识,结合学生实际,本节课主要采用(合作探究)法,结合(问题情境法、比较归纳法、分析推理法、实验探究法、数据分析法、理论推测法、翻转课堂法),同时合理地使用多媒体辅助手段,以便达到预期的教学效果。

三、说学法

学生在观察、讨论、分析、总结的过程中,通过自主学习、合作交流、实验探究的方式完成知识和能力的自我提升。

通过以上的教师教法和学生学法的实施,培养学生的宏观辨识与微观探析能力、变化观念与平衡思想、证据推理与模型认知、实验探究与创新意识、科学精神与社会责任,这也正是现今提出的提升学生的化学学科核心素养的要求和体现。

四、说教学程序

教与学有机结合而对立统一。良好的教学设想,必须通过教学实践来实现。本节课我采用板块式问题组教学,这种教学方式能使教学脉络比较清晰。

课前预习区,我会围绕学习新知识所必需的旧知识,设计几个练习。目的是使学生在旧知识的基础上长出新知识,为新知识的学习扫清障碍。

教学过程中,每一环节具体内容设计如下:

1. 课题引入

教师创设问题情景(创设情景:A.教师演示实验。B.使用多媒体模拟一些比较有趣且与生活实践比较有关的事例。C.讲述科学史上的有关情况),目的是激发学生学习兴趣,调动学生学习动机。

2. 自学整理,合作探究

教师给出学习任务和要求,学生自学后以小组为单位合作学习。教师提供实验用品和电子资料供学生查阅和探究。

为了突破重点和难点,我采用的方法是自主思考,互相讨论,实验探究,教师点拨。学生讨论的时候,我会走到学生中间,给学生以个性化的指导。如果学生思考还是有难度,我会设计梯度问题,引导学生思考。

3.观察实验,问题探究

对学生自学中出现的几种重点问题,解决的办法是由教师演示难度较大的实验,学生预测后进行验证。

(1)针对上面提出的问题,设计学生动手实践,让学生通过动手探索有关的知识,引导学生进行交流、讨论得出新知,并进一步提出下面的问题。

(2)组织学生进行新问题的实验设计。实验设计最好有对比性、数学方法性,指导学生操作实验。通过多媒体的辅助,模拟实验过程,显示实验数据,由学生分析比较,归纳总结出知识的结构。

这种设计符合皮亚杰建构主义学习理论,也就是把教学的重心转移到学生的学上。让学生思考、讨论、实验、观察、犯错、纠正、总结,不断建构,不断逼近事实。

4.知识运用,问题解决

一个理论能够解释一定的事实。当有些问题原有理论无法解释的时候,就会产生新的理论,解释新的问题。

(1)课堂反馈,迁移知识(最好迁移到与生活有关的例子)。让学生分析有关的问题,实现知识的升华及学生的再次创新。学生自主完成,相互交流。

(2)课后反馈,延续创新。通过课后练习、学生互改作业、课后研究性实验,实现课堂内外的综合及创新精神的延续。

5.总结整合

从方法和知识两方面总结,并引导学生辩证地看待化学对人类的作用。

建构主义认为:知识并非静止的,而是一个动态的、不断发展的过程。这种课堂流程尊重了学生的认知规律,培养了学生的探究能力,让学生成为课堂上真正的主人,教师充分发挥引导者作用。

教学反思:

这节课我的创新点是设计了 ***,采用了 ***。达到的效果是在活动中知识活了起来,教师和学生、学生和学生之间实现了深度对话,也就是在赫尔巴特的基础上增加了杜威"做中学、做中教"的成分。

六、说课小贴士

① 说课不一定完全按照程序。有些内容可以融合在教学过程中。如果教材分析等占用了过多时间,整个说课就会头重脚轻,教学过程无法说完整,教学思想无法说透彻。以 15 分钟说课为例,教材分析、学情分析、教学目标、教法学法等最多用时 5 分钟,教学过程保证用时 10 分钟以上,具体可酌情处理。

② 说课,需要站在全局的角度审视这节课,对教材全局的把握十分重要。教师需要不断追求对教材理解的深刻性,在这方面需要下大功夫。对教材如何处理,如何突破重点和难点,可以渗透在教学过程中。教参是非常好的学习资源,而教师却容易忽略。

③ 说课,需要站在更高的高度,俯视自己的教学,对自己的教学思路进行提炼。其中重要的是教学设计,要力争有一两个亮点。教法、学法并非越多越好,而是要适合这节课,能够用上用好。如何说课需要说课者自己建构,形成自己的风格。

④ 说课要有细节。为了重难点的突破,设计了什么样的习题,设计了什么样的问题组,有时候这些细节需要说出来。很多功夫靠的是平日积淀,不要书到用时方恨少。比如,在具体课例中将问题组设计出合适的梯度就很重要。解决的办法之一可以借用物理特级教师吴加澍老师的一个观点:"对于物理规律教学,我也不是急于把这些前人获得的结论和盘托出,让学生尽快地占有它们,而是坚持'延迟判断'的原则,将科学家的原发现过程从教学的角度进行必要的剪辑和编制,把学生推至问题开始的地方,引导他们去追根溯源,从而使教学过程成为学生主动参与的'再发现'过程、'亚研究'过程,让他们从中经受磨砺,增长才智。"知识的形成,实际上是将它推至发生的原点。因此,在教学中要将其充分"稀释还原",

重演当时它是如何发生的,就可以深入浅出地设计出学生跳一跳就能解决的问题。

说课案例一

"元素与物质的分类"(第二课时)说课

一、说教材

1. 教材的地位和作用

本节课"元素与物质的分类"是鲁科版《化学1》第二章第一节的内容。"元素与物质的分类"主要包括分类法和胶体两部分内容。这里要说的是第二课时一种重要的混合物——胶体。

本节课教会学生从微粒大小的角度对混合物进行分类,丰富他们对混合物的认识。这节内容是在第一章学习了化学实验的方法和第二章物质的分类内容的基础上,对二者联合应用知识的学习,也是对初中教材中"溶液、浊液"知识的深入与延伸。胶体在人们的生产、生活中有着广泛的应用,本节内容可以拉近化学与生活实际的距离,帮助学生理解和应用知识,并用化学方法和知识解决生活实际问题。

2. 学习目标

(1)说出分散系的含义,能根据分散质粒子大小对混合物进行分类。

(2)知道胶体区别于其他分散系的本质特征和鉴别方法。

(3)解释丁达尔效应的本质。

(4)能用胶体的相关知识对生活现象进行判断,做出解释。

3. 教学重点和难点

(1)重点:胶体的性质与应用。

(2)难点:胶体直径探索。

二、说教法

通过研究教材发现,胶体的知识对学生来说是一个观察、研究物质的新视角,是较为生疏的领域。因此,"一种重要的混合物——胶体"这节课通过情境教学的方法学习胶体的概念、特征和基本性质。结合本节课内容的特点,我还采用实验探究、"小翻转"、归纳演绎这几种教学方法来完成教学。

三、说学法

1. 学情分析

（1）知识基础：学生在初中的学习中知道溶液和浊液属于混合物，但是没有从微观角度理解它们的不同。这为学习胶体做好了认知准备。

（2）能力基础：学生通过本节教材第一课时的学习初步掌握了简单的分类方法及其应用，但还没有从分散系的角度对混合物进行分类。通过高一阶段的学习，学生初步具备了实验能力、观察分析能力，但是自主性探究学习的能力、抽象思维能力仍有待于提高。

2. 学法分析

通过对教材、学情的分析，引导学生在课堂中运用实验探究、分析归纳、自主探究、总结反思的方法来获得新知，提升能力。

四、说教学程序设计

在这节课的教学过程中，我注重环节清晰，紧凑合理，重点突出。活动的安排注重互动、交流，最大限度调动学生参与课堂的积极性和主动性。我主要从五个环节来展开本节课的教学。

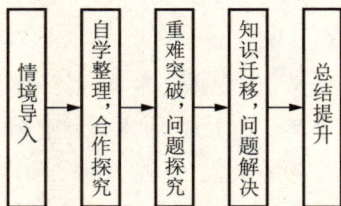

```
情境导入 → 自学整理，合作探究 → 重难突破，问题探究 → 知识迁移，问题解决 → 总结提升
```

各环节设计内容如下：

第一环节　情境导入

创设情境，多媒体展示几个场景：阳光明媚的清晨，走进树林里看到的缕缕阳光、果冻、牛奶等，让学生感受到化学就在我们身边，引出胶体的概念。后面的实验探究以液体为主，所以学生容易产生错误认识，认为胶体只能以液态形式存在。因为展示的情境包含了气溶胶、固溶胶和液溶胶，有利于避免学生的片面认识。

第二环节　自学整理，合作探究

考虑到本节的知识点难度较低，识记和理解性内容占的比例较大，所以第二环节设计以学生自学为主。布置给学生任务卡内容，限时 10 分钟，要求先自学,而后以小组为单位集体研究。

任务卡中的题目组内容主要涵盖胶体的概念、常见的应用和主要性质,难度为大部分学生能独立完成,个别内容学生"踮踮脚尖能实现"。这也符合学生的认知规律。设计如下:

(1)根据初中所学,常见的分散系有哪些? 分散系的构成是什么?

(2)什么是胶体? 胶体区别于其他分散系的本质是什么?

(3)胶体有哪些重要的性质?

(4)胶体有哪些常见的应用? 各利用了胶体的哪些性质?

第三环节 重难突破,问题探究

在学生自学的基础上,教师为主导,引导学生通过各种教学方式解决重难点。第二环节中注意寻找学生的最近发展区,预计学生在以下几个地方会存在困难:① 学生对胶粒的分散质的大小缺乏感性认识;② 胶体的应用过程中利用了什么性质? 出现第二个问题的原因是学生对胶体的性质缺乏本质上的理解,解决的办法是不仅使学生对胶体的性质知其然,而且使学生知其所以然。所以,第三环节中设计以下几个需要集中突破的问题:

(1)渗析实验和过滤实验。

(2)胶体发生聚沉的条件和原理的探究。

(3)电泳的应用。

突破过程如下:教师给出方法,布置任务,指导学生自制氢氧化铁胶体。这个实验有一定难度,部分学生会由于某种错误操作发生实验失败的情况。这为后面探究胶体的聚沉提供了很好的研究素材。

观察学生制取成功的氢氧化铁胶体、$FeCl_3$溶液、氢氧化铁沉淀样品,寻找外观上异同点,并提出以下问题:① 可以采用哪种简单方法判断胶体? 在自学的过程中,由于已经在实验中进行了丁达尔实验的操作,学生有了具体的切身体会,比较容易判断出丁达尔现象。预计个别学生会考虑到渗析实验。② 如何设计实验比较三种液体的分散质的微粒大小? 指导学生使用实验仪器和药品设计过滤、渗析实验,观察实验现象,得出结论。用宏观的实验现象展示微观变化是提高教学效果的有效办法之一。学生设计的实验可能将过滤和渗透分两步操作。完成下面的表格:

分散系	溶　液	胶　体	浊　液
分散质粒子直径			
举　例			
分散质粒子			
稳定性			
能否透过滤纸			
能否透过半透膜			

　　为了使学生更直观地感受三种分散系中分散质的直径大小，采用多媒体动画模拟刚才的实验过程。

　　在学生已经从微观上掌握了胶粒的大小后，引出问题：为什么胶体会发生丁达尔现象？已知胶粒带有相同的电荷（可能为正，也可能为负），解释以下问题：胶体能在较长时间内稳定存在的原因是什么？胶体为什么会电泳？哪些条件下可以使胶体发生聚沉？为什么？对于丁达尔现象的解释，学生需要教师的帮助，利用多媒体从粒子的大小和光线的散射角度弄清原因。后面的几个问题，在前面探究的基础上，小组进一步合作研究，本节课的难点迎刃而解。通过实验现象，更加容易理解胶体的聚沉。其原理是中和胶粒的电荷或增加胶粒的结合机会以使胶粒结合在一起形成大颗粒而沉淀。可得出胶体聚沉的三种途径：① 加入电解质溶液；② 加入带相反电荷的胶粒；③ 加热。

　　这一环节的设置中，教师的教和学生的学相结合，教师将实验探究、讨论归纳、自主学习的任务交给学生，能极大促进学生观察总结能力、动手操作能力的提升，引导学生积极地思考，体现学生在学习过程中的主体地位。这加强了学生对于胶体性质的认识和理解。

　　第四环节　知识迁移，问题解决

　　这一部分主要设计两类问题：一是关于刚才的氢氧化铁胶体的制备；二是胶体在生产生活中的应用。问题①：请同学们分析刚才在制备过程中的错误操作，并解释实验失败的原因。一般情况下，学生存在玻璃棒搅拌、加热时间等方面的问题。学生因为在原理上已经掌握了胶体的结构，也了解了胶体会发生聚沉的条件，现在对实验进行反思，有利于理论知识的内化。问题②：教师和学生共同探究了胶体在生活中应用的化学原理。

比如,涂料、颜料、墨水、洗涤剂、喷雾剂利用了胶体的介稳性;豆腐、肉冻、果冻是生活中经常见的凝胶态物质,利用了胶体的聚沉;还有明矾净水、激光手术刀、止血胶布等,都是胶体在生活当中的应用。

这一环节的设置中,师生共同讨论,加强了学生对于发展性的认识,帮助学生应用所学的知识解决生活和社会发展的前沿问题,使学生认识到化学在人类发展中的重要地位,培养学生学习化学的兴趣,感受学习化学的意义。

第五环节　总结提升

由学生进行小结,训练学生概括总结的思维能力,同时巩固知识。

联系实际,运用所学知识。培养学生归纳总结和思考的能力,同时让学生理论联系实际,巩固所学知识。加深记忆,使知识系统化。

总之,本节课的教学除了关于胶体的知识线以外,贯穿本节课的还有情境线:感知(创设情景,引入知识,形成表象)→理解(深入情景,理解原理,掌握知识)→深化(再现情景,细化知识,加深记忆)。化学和生活实际紧密相联,通过情景的创设,联系生活实际,让学生参与课堂,发挥学生主体性作用,提高学生的学习兴趣,课堂气氛更加活跃。

五、板书设计

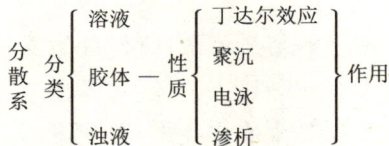

说课案例二

"物质的量"(第一课时)说课

一、说教材

1. 教材的地位和作用

本节课是鲁科版《化学1》第一章第三节的内容。本节设计为三课时,这里要说的是第一课时。本节属于课前说课。

本课时内容排在高中教材的第一章,足见其重要地位。作为"工具性"概念,物质的量是将宏观与微观联系的桥梁,它贯穿于高中化学的整个教学,在化学计算中处于核心地位。在此之前,学生主要从定性的角度或简单的定量角度去学习化学知识,而这一节的学习会使学生对化学中的"量"有一个新的认识,在今后学习中也会频繁使用。另外,由物质的量可导出摩尔质量、气体摩尔体积、物质的量浓度等物理量。这些物理量不但贯穿于整个高中化学阶段,而且被广泛应用于工农业生产和科学研究中。因此,物质的量概念的教学不仅是本章的重点,也是整个高中化学教学的重点。

2. 学情分析

在美国教育心理学家奥苏伯尔的教学理念"教学要建立在学生原有的知识和经验上"的指导下,分析学生在初中学习中储备的相关知识。学生对微粒已经具备了一定的认识,知道分子、原子、离子都是构成物质的微粒,并且能用微粒的观点解释某些常见的现象。初中学生能利用化学方程式说明常见反应中的质量关系,能进行简单的化学方程式的计算。

本课时主要介绍物质的量、摩尔、阿伏伽德罗常数。这些概念对学生来说比较抽象、复杂,无生动有趣的实验。学生虽然已经具备了一定的计算能力、分析能力,但是抽象思维能力有较大的欠缺。

3. 学习目标

(1)理解并用语言描述物质的量、阿伏伽德罗常数和摩尔质量的概念、意义、符号、单位。

(2)能用公式表示出物质的量与微粒数目的关系,应用公式进行计算。

(3)能用公式表示出物质的量与质量的关系,应用公式进行计算。

4. 教学重点和难点

(1)教学重点:物质的量的概念、单位,物质的量与阿伏伽德罗常数、微粒数之间的运算关系,物质的量与摩尔质量、质量之间的运算关系。

(2)教学难点:物质的量与微粒数目之间的简单换算;物质的量、摩尔质量、质量之间的简单换算。

二、说教法

在教学中,结合教材特点及学生实际,本节课准备以问题探究为主线,引导学生循序渐进地自主构建对概念的理解和应用。教学过程中,还用到了情境教学法、类比分析法等,以期达到良好的教学效果。

三、说学法

本节课力图渗透给学生关于概念学习的思维过程:① 概念的来源,即问题是怎样提出的,为什么引入这个概念。② 分析概念,即解决问题采用了哪些规律和事实,如何得出结论,结论和规律的具体内容是什么。③ 剖析概念:找出基本概念的使用条件、范围、特征、实质。剖析过程中注意对比,挖掘该概念和类同概念之间的区别和联系。④ 概念应用和演绎:由结论深入发现问题,将结论和规律进行新的演绎。

四、说教学程序设计

接下来,说说我具体的教学设计,过程中穿插我对重难点的处理和所使用的教学方法。我将本节课分为四个部分:创设问题情景,导入新课;深入引导,问题探究;概念导出,知识应用;迁移练习,课堂总结。

【情境引入】教师倒一些水在烧杯中,问:"有哪些物理量可以表示出这些水的多少?"将这一部分水电解,得到氢气和氧气。书写方程式,并且用不同的物理量表示反应物与产物的关系。

【教学分析】第一,学生容易用宏观的物理量 V、m 表示水的多少,在教师的引导下,能想到用微观的物理量 N 表示水的多少。第二,根据方程式的意义,学生能分析出反应物和产物 2 个:2 个:1 个的微粒数目关系,36 g:4 g:32 g 的质量关系,氢气与氧气 2 体积:1 体积的体积关系。继而教师引出即将讨论的关系:m、N、V 之间是否存在某种关系?

【设计意图】两个问题,步步深入,首先使学生意识到三个物理量的存在价值,即 m、V、N 都是可以用来描述多少的,其次是意识到这三个物理量既然都能在方程式中表示反应物和产物的关系,说明这三个物理量之间也一定存在着某种关系。

【问题引入 1】已知烧杯中的水约 30 g,水分子的个数为 1000000000000000000000000 个,尝试用科学计数法表示。如果全球所有人来数,每个人的速度为 1 个/秒,需要 450 万年才能数完。

【设计意图】学生在数零和分析数据的过程中感受到数字如此之庞大,并且不便使用,从而对如何"化大为小"产生强烈的解决意愿。

【问题引入 2】教师设置问题情境:如何在超市里快速数出 120 瓶饮料?

【教学分析】学生给出生活中的常见解决方案:每箱 12 瓶,120 瓶÷12 瓶/箱＝10 箱。教师采用类比的方法引出快速数出庞大的微粒数目的办法,12 瓶/箱是饮料中的常数,可以采用一个物理量 N_A 代替微粒中的常数,采用 $N÷N_A＝n$ 的方法,快速数出水分子的数目。只要 N_A 足够大,就可以完成化大为小的任务。这样解决问题的方法,生活里还有很多,由学生举例作类比,如 1 个世纪是 100 年,1 双是 2 只。

【设计意图】通过刚才的类比,使学生迅速消除新引进的物理量的陌生感,降低了心理难度。在知识上,学生不仅意识到引入阿伏伽德罗常数的意义,而且在接触物质的量之前就已经顺利建立起了物质的量、阿伏伽德罗常数、微粒数目之间的关系。

【问题引入 3】n 代表的是不是微粒数目? 通过阅读课本,从名称、意义、符号、单位和公式五方面整理物质的量的概念。

【设计意图】教师指明,n 不是微粒数目,但是可以方便地表示物质微粒的多少。这样可以及时地帮助学生规避可能出现的错误认识,而且能帮助学生从含义中引出概念。

【教学分析】学生通过自学课本第 20～21 页第一段,从名称、意义、符号、单位和公式五方面整理物质的量的概念的相关知识。教师进一步指出,与其他国际物理量一样,"摩尔"是"物质的量"的基本单位,在希腊文中是"堆"的意思,并且将"一箱饮料"与"一堆微粒"相比对,帮助学生加深对概念的理解。然后,教师引导学生将研究的注意力放在 N_A 上,思考 N_A 到底是什么。

在刚才的铺垫下,学生自己就能分析出:如同 12 是 1 打任何物质中包含该物质的数目,N_A 是 1 mol 任何粒子中包含该粒子的数目。在此基础上,学生从名称、意义、符号、单位和数值五方面整理阿伏伽德罗常数的相关知识。对于"单位",教师提示学生通过公式进行推导。对于"数值",教师设问:"为什么不规定一个整数?"这为后面摩尔质量的教学埋下伏笔。

【学生练习】例 1:计算 $3.01×10^{23}$ 个水分子物质的量是多少。

例 2:计算 1 mol 甲烷中 C、H 原子个数,C、H 原子的物质的量是多少。

【设计意图】通过例1的训练,主要规范学生化学用语的使用、公式的应用,提高学生的计算能力。通过例2的训练,进一步熟练公式应用,并且通过计算过程推导出 $\dfrac{N_1}{N_2}=\dfrac{n_1 N_A}{n_2 N_A}=\dfrac{n_1}{n_2}$,进而回扣开课时的方程式的意义,让学生用物质的量表示反应物和生成物之间的量的关系。

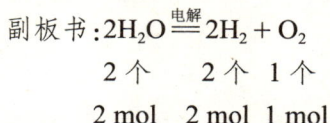

副板书:$2H_2O \xrightarrow{\text{电解}} 2H_2 + O_2$

　　　　 2个　　 2个　1个

　　　　 2 mol　 2 mol　1 mol

【问题引入4】如何在实验室中取出 1 mol Fe?

【教学分析】在上述学习过程中,学生已经知道1 mol Fe是$6.02×10^{23}$个,没有办法数出,并且根据初中的已有经验,Fe一般情况下是用天平称量的。教师顺势给出以下物质每个微粒的质量,求算1 mol该物质的质量。

	1个粒子质量(g)	1 mol粒子质量(g)	发现的规律
Fe	$9.30×10^{-23}$		
H_2O	$2.99×10^{-23}$		
C	$1.99×10^{-23}$		
CO_2	$7.31×10^{-23}$		

学生分别计算出1 mol四种物质的质量分别为56 g、18 g、12 g、44 g。因为是常见的四种物质,即使教师没有给出相对原子质量或相对分子质量的数据,学生也很容易发现规律。

【设计意图】学生通过计算发现规律,远远比直接告诉学生结果更能调动学生的学习兴趣,并且在这个过程中,学生进一步加深了对阿伏伽德罗常数规定为$6.02×10^{23}$的理解。通过阅读课本,学生从名称、意义、符号、单位、公式和数值六方面整理摩尔质量的概念。

【学生练习】例3:计算$3.01×10^{23}$个水分子质量是多少。

【设计意图】与已经训练过的例1保持思路上的延续性,学生在计算过程中,不由自主地将 n 作为连接 m 和 N 的桥梁,进一步体会到高中阶段引入 n 的意义,不仅化大为小,而且建立宏观与微观的联系。

【课堂小结】教师引导学生思考:通过本节课的学习,可以用哪些物理量表示出电解水的方程式中反应物和产物的量的关系?

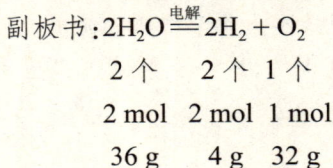

副板书:$2H_2O \xrightarrow{\text{电解}} 2H_2 + O_2$

　　　　2个　　2个　1个

　　　　2 mol　2 mol　1 mol

　　　　36 g　　4 g　32 g

【结束语】预祝大家今后每天的快乐指数是阿伏伽德罗常数,每天的幸福指数是 6.02×10^{23}。

【教学思路阐述】

这节课在整个教学过程中,精心创设问题情境,以物质的量的概念建构为例,注意塑造学生在概念学习方面的思路和方法:帮助学生建构概念的来源,即问题是怎样提出的;引导学生分析用什么办法可以解决问题;引导学生找出概念的使用条件、范围、特征、实质,并且挖掘概念的内涵;通过学生练习进行迁移应用。

在问题探究的过程中,精心创设教学情景,以生活中的现象为喻,以学生的已有知识经验为基础,引导学生将抽象概念和生活经验有机结合,在发现中理解概念,在应用中巩固概念,最终实现对知识的自我建构。

五、板书设计

板书力求清晰、完整,突出重难点,起到提纲挈领的作用。例如:

第3节　化学中常用的物理量——物质的量

一、物质的量及其单位——摩尔

1. 物质的量

(1)意义:把物质的宏观量与微观粒子的数量联系在一起的物理量。

(2)符号:n。

(3)单位:摩尔或摩,符号 mol。

(4)公式:$n = N/N_A$。

2. 阿伏伽德罗常数

(1)意义:1 mol 任何微粒所含的微粒数。

（2）符号：N_A。

（3）单位：/mol。

（4）数值：国际上规定，0.012 kg ^{12}C 所含的碳原子数为 6.02×10^{23}，这个数值称为阿伏伽德罗常数。

二、摩尔质量

1. 意义：单位物质的量的物质所具有的质量

2. 符号：M

3. 单位：$g \cdot mol^{-1}$ 或 $kg \cdot mol^{-1}$

4. 公式：$n = \dfrac{m}{M}$

5. 数值：在数值上与相对原子质量或相对分子质量相等

第六节 试卷讲评课内翻转模式探究

试卷讲评是高三复习的主要课型之一，具有诊断、纠错、强化、激励等功效。教师可以汲取翻转课堂的部分形式，发挥网络和微视频的优势，积极探索试卷讲评课内翻转模式，以提高试卷讲评的效率，优化学生的学习习惯，培养学生的学习积极性和自主能力。

一、问题的提出

进入高三以后，学生面临着大量的练习和测试。试卷讲评作为高三教学中的一个重要环节，并不仅仅是分析考试情况、纠正共性错误、弥补教学遗漏，而应当是以帮助提高学生的学习能力、自查能力、规划能力为目标，从而成为教和学继续延伸的一个过程。

但在实际教学中，往往存在着以下问题：一上课，教师带着情绪将学生的错误埋怨一顿，整节课学生处于消极被动的状态；讲评形式单一，教师满堂灌；跟着考题走，跟着教辅走，没有跟着学生走；讲评面面俱到，没有针对性和重难点的突破；课后缺少补偿性和拓展性作业；重视知识的传授，轻视综合能力的培养。

而从学情调研的情况来看,上述问题却是学生更需要解决的任务,尤其是以下三方面:① 学生希望教师不仅关注成绩,而且能明示提高成绩的方法。② 教师的讲解要重点突出,针对普遍性错误要分析到位,对规律和方法进行总结和归纳,多传授解题方法和技巧,多引导学生找出解题突破口。③ 要求发下试卷后有自我诊断修复时间,像粗心、时间分配不合理等导致的失分,可自行纠错。

据此,将微课引入讲评课,建立试卷讲评课内翻转模式。

二、试卷讲评课内翻转模式

试卷讲评课内翻转模式为七步渐进,即批阅统计、备好学情,学案设计、微课制作,分析考情、激励学生,自我突破、小组合作,错误剖析、题解交流,精讲点拨、拓展总结,纠错反思、迁移练习。其中第一、二步和第七步分别是课前的准备和课中的延续,见图2-4。

课前		课中				课后
批阅统计 备好学情	学案设计 微课制作	分析考情 激励学生	自我突破 小组合作	错误剖析 题解交流	精讲点拨 拓展总结	纠错反思 迁移练习

图2-4　试卷讲评课内翻转模式

1. 批阅统计,备好学情

试卷的批阅要及时。对学生而言,不仅对试卷考察的知识点比较熟悉,而且因为急于知道成绩和正确答案,求知的内驱力和主动性更强。对教师而言,对考情越熟悉,备课和授课越有针对性。

备课前要进行数据统计。现在很多学校使用网上阅卷。网上阅卷的众多数据导出给了教师们极大的方便。平时的随堂测验试卷,除了统计学生的得失分情况和出错人数,而且要统计学生在各考点的典型错误,将问题归类,找失误的集中点,分析知识的遗漏欠缺。这是"备学生"的一部分。

教师要备好学生,才能全面发挥试卷讲评课的诊断功能。根据学生试卷的整体情况和个体情况,除了查找学生出错原因,清楚学生的知识状态,还要明了学生的心理特点与思维状态,包括学习状态等非智力因素,才能量体裁衣,设计出一堂学生真正需要的课。

2. 学案设计,微课制作

精心设计导学案。要在数据分析和统计的基础上,有的放矢地设计问题。不能不分主次,面面俱到。试卷讲评课的学案中,常以板块式问题组探究教学的形式,将一节课要解决的问题分为几大板块,在每一大板块中设置一组问题,让学生带着不同梯度的问题查阅工具、思考讨论,最后总结出主要知识和规律。问题设计要有启发性、探索性、开放性,促进学生主动思考、积极探究。一些抽象难懂的问题可进行分解。问题设计成组不仅能够充分挖掘知识之间的内在联系,让学生有序思考、连续思考、深度思考,还能有效避免教师在课堂上"随意问""满堂问"等低效教学行为。

将学生出错的题目解析,逐个录成微课,已经有的微课可以直接从资源库里调出。运用微课有诸多优点。一是可以重复学习。学生如果一次看不懂或不理解,可以暂停或者重放,直到理解为止。二是满足个性化学习的需要。学生的学习存在着个体差异,错误因人而异,学生可以选择自己错误题目的视频进行学习,避免了教师课堂集中讲评时不能满足所有学生需求的弊端:做对的学生也被迫听讲,造成这部分学生学习时间的浪费,而少数学生做错的题目教师又不讲,做错这些题目的学生可能就没有机会弄懂错误的原因,造成这部分学生出现知识漏洞和技能缺陷。

3. 分析考情,激励学生

课堂中,一般将考情分析放在第一步。简述测试的平均分、及格率、优秀率、低分率、达标率等。将考情客观地反馈给学生,有利于学生正确地自我定位,培养其恰当的自我认知能力。

充分发挥试卷讲评课的评价和激励功能,是讲评课所要遵循的重要原则。大部分学生是相当重视考试成绩的,所以教师在开展讲评课时,要科学地分析学生成绩,本着多鼓励少责备的原则,从不同角度对不同类型的学生进行表扬。对于成绩理想的学生要给予充分的肯定,激励其更上一层楼;对于成绩欠佳的学生要给予必要的安慰,肯定其进步,增强其自信心;对于暂时后进的学生,从试卷中找出闪光点,如规范答题、书写工整,激发他们的学习热情。切忌出现"这个问题我已经讲过多少遍了,为什么还错""再笨也应该会了"之类的消极且无能的语言。

4. 自我突破,小组合作

给学生自我诊断修复的时间。像审题不清、时间分配不合理等导致的失分,学生可自行纠错,并且效果远大于教师的说教。

给学生自我纠错学习的时间。因为不同的学生知识漏洞不一样,存在的问题也不一样,所以应该给学生机会开展个性化学习,进行自我突破。在这个过程中,教师应该指导学生如何使用有效的工具,包括采取重新翻阅笔记、查找做过的相同类型的题目、仔细琢磨详细解答等方式查缺补漏。微视频的优势在于学生可以有选择性地学习自己的错题,并且方便重复观看,反复斟酌,从而提高课堂效率。

在自我突破的基础上,仍存在疑惑的,可在学习组长的带领下,开展小组合作、共同探究。

5. 错误剖析,题解交流

学生自我纠错后,集体交流。有集中交流价值的题目,有以下几种情况:

(1)全班出错率较高、得分率较低的题目及相对应的知识点;

(2)具有典型性、针对性和综合性的题目;

(3)在以往的教学中已多次接触,多次矫正,但学生仍未掌握的难点;

(4)关系后续学习的重点知识、重点技能;

(5)平时教学中疏忽的"教学盲区";

(6)学生卷面上独到见解的题;

(7)错误率不高,但是学生对某个知识点仍然含糊不清的。比如,某选择题,尽管正确率高,但仔细探究,出错点集中在某一选项上,说明这一选项是学生掌握薄弱点。大部分学生做对的原因,可能是因为利用了选择题的答题技巧,而不是对知识点的正确掌握。

上述各项内容往往在同一习题中相互渗透、叠加。在这个环节中,学生是主角。学生可以讲述正确的答题思路,也可以还原考试情境,甚至提问、质疑。这样既能调动学生积极性,也可以使讲评更贴近学生心理。通过学生自己的讲解,教师会发现学生未必是因为知识学得扎实,有时属于歪打正着。

6. 精讲点拨,拓展总结

学生讲评结束后,教师应发挥主导作用,采用专题式讲评模式。在讲评方式上,教师不能就题论题,孤立地逐题讲解,而要透过题中的表面现象,借题发挥,类比延伸,善于抓住问题的本质特征进行开放性、发散式讲解。尤其应该针对一些重要的内容引申相关的知识点,拓宽、加深,形成系统,完善学生认知结构。

在讲评方法上,教师要对习题和思维方法进行归类,以便让学生对同一类问题有一个整体感知。这样有利于学生认知的提高,在此类问题中能举一反三、触类旁通。常见的习题归类有三种方式,即按知识点归类、按解题方法归类、按答卷中出现的错误类型进行归类。

7. 纠错反思,迁移练习

试卷讲评课结束,并不代表着学习任务的完成。应该在课后对学生进行跟进式训练,包括订正错误、反思总结、迁移练习。

(1)应要求学生将答错的题订正在试卷上,并把自己在考试中出现的典型错误,包括错解收集在错题集中,做好答错原因的分析,给出相应的正确解答。

(2)讲评后学生的反思比起讲评前学生的自我诊断,必会有一个提升。将反思分门别类进行整理,必要时应该建立专门的纠错笔记。纠错笔记内容见表2-5。

表2-5　纠错笔记

调查内容	学生回答	教师分析	设计意图
1. 因审题不仔细造成失分的试题是哪些?各占多少分数?			学生找不足以弄清原因,教师了解学生非智力因素失分情况,这是尽快提高成绩的一项重要内容。
2. 因书写不规范造成失分的试题是哪些?书写不规范的具体内容是什么?各占多少分数?			
3. 因知识模糊测验时没有做对,试卷下发后已经找出错因并能够正确解答的试题是哪些?分别列出产生错误的题号和知识点。			这些试题反映了学生知识的薄弱环节,属于易混淆知识,教师、学生都应该搞清楚。
4. 确因不会做而失分的试题是哪些?涉及哪些知识点或什么学科方法?			这些试题反映了学生单元学习的难点,是教师应重点帮助学生突破的。

调查内容	学生回答	教师分析	设计意图
5. 从考试情况反映出自己应重点解决的学习问题有哪些(知识、方法、习惯)？			考试过程中暴露出的问题是学生应特别关注的，也是教师进行个别指导的依据。
6. 就考试和目前学习，你希望得到教师哪些方面的指导？主要解决什么问题？			学生的需求是进行个别指导的方向。

（3）矫正补偿是习题讲评的延伸，也是保证讲评效果的必要环节。教师要精心设计有针对性的变式题和逆思路题，作为讲评后的提升练习，让易错、易混淆的问题多次在练习中出现，达到矫正、巩固、拓展和提高的目的。有校园云平台的，可以进行当堂测验，及时通过云平台汇总处理，帮助教师了解学生的掌握情况，对本节课的学习效果做出判断。如果发现哪个问题完成得不好，学生可以在课下回头再看一遍，仔细思考。

总之，试卷讲评课堂前教师要精准分析，全程预设；课堂上要步步为营，层层推进；课堂后要跟踪到位，复习到位。

三、关于试卷讲评课内翻转模式的感悟与反思

1. 采用拿来主义的"课内翻转课堂"

近几年，翻转课堂的模式席卷教育领域。这种基于网络和移动技术，通过制作教学视频，组织学生互助学习的教育流程，使传统的课堂教学发生了结构性的改变。但是，如同内尔·诺丁斯在《学会关心》中担心的一样：每当有一个时髦的理念出来，教育的钟摆就会这样从一个方向转向另一个方向。在不同地区、不同学情下，对翻转课堂宜采用"拿来主义"。习题讲评的课内翻转模式，正视了现在无法达到的硬件和软件高要求的情况，将信息技术与教学深度融合。

2. 创造模式的目标是为了打破模式

任何教学模式都不是万能钥匙，特级教师由国宏有这样一句话："没有模式创造模式，有了模式打破模式。"审视既有的教学模式，重构新的课堂教学模式，只要从一切为了学生出发，学生在教师的引导下能独立自主、有选择性地、个性化地学习，就都是高效课堂。所以，试卷讲评课内翻

转模式也不是固化的,会随着学情、考情的变化而具有更加多样的教学形式和更加科学的教学手段。

课堂教学模式的建构永远是一个与时代同行的话题。我们探讨与研究的试卷讲评课内翻转模式,是一种教学模式,也是一种教学实践。虽然整个流程的各个环节都需要花许多时间精心设计,费力费心,但是如果能通过我们的创造性劳动为学生提供一个高效课堂的舞台,让学生的能力尽情绽放,也是非常值得努力去做的。试卷讲评课同其他的课型一样,需要许多艺术和技巧。教师必须充分发挥自己的聪明才智,在实践中慢慢探索,逐步完善。

第七节　情景式教学法在课堂中的应用
——以中学化学情景式教学模式探究为例

高中新课程标准强调学生独特的情感体验,要求教师在课堂上能够引导学生进行积极、自主的探究性学习。布朗等人在《情景认知和学习文化》一文中首次提出了情景认知的观点,认为只有在情景中呈现的知识,才能激发学习者的认知需要,从而产生学习动机和学习兴趣。

现代化学学习理论认为,学生的学习与学习情景有着密切的联系。所谓情景有两层含义,一层是指景物、场景和环境,另一层是指人物、情节,以及由场景、景物所唤起的人的情绪和内心境界。什么是情景式教学呢?从概念上来讲,是指在教学过程中教师有目的地引入或创设具有一定情绪色彩的以形象为主体的生动具体的场景,以引起学生一定的态度体验,从而帮助学生理解教材,并使学生心理机能得到发展的一种新型教学模式。

学生在学习过程中的主动探索、思考和建构离不开教师事先的精心教学设计,离不开协作过程中画龙点睛的引导。知识是情景性的,是在不同的情景中被个体重新建构并获得意义的;同时,学习不仅仅是为了获得具体的知识,还要求学生能够在不同的情景中进行具体的思维和行动,能够运用所学的知识来解决实际问题。因此,创设一个有利于学习者进行探究、建构的"学习情景"是现代教学过程的基本要求。

基于这一指导精神,本节重点结合教学案例探讨了情景式教学在中学化学教学中的应用。下面即是作为典例进行剖析的这一教学模式的常见设计程序,以此可以看出如何通过创设情景、协作和讨论实现对知识、方法等的合理建构。

一、课题引入,设置问题情景

新课引入犹如戏剧的"序幕"、乐曲的"引子",起着集中注意力、酝酿情绪、渗透主题、将学生带入良好学习状态中的作用。但引入要能激起学生的学习动机,明确学习目的、要求,使学生产生主动学习的愿望,为学好新知识创造良好的前提条件。化学学科的特点决定了情境法在新课导入时大有作为。

以"铁的化合物"一节的导入方式为例。向事先用 KSCN 写过字的纸上喷洒 $FeCl_3$ 溶液,会出现事先设计好的美丽图案。这种魔术式的课堂导入一下子抓住了学生的兴奋点。此实验情景激发了学生浓厚的学习兴趣,使教师很自然地过渡到了化合物性质的讲述中。

在新课引入时应用情境素材创设神奇美妙的教学情境,激发学生兴趣,启迪学生智慧,必然会起到事半功倍的效果。具体来说,可以用生动有趣的故事,也可以用日常生活中需要解释的现象、简单的小实验、爆炸式的新闻等情境素材来激发学生的兴趣,引发学生的求知欲,为讲授新知识做好铺垫。

二、难点化解,设置阶梯情景

在教学难点的处理上,设置阶梯式的情景能让学生尝到自己"踮起脚尖摘苹果"的甜头,从而提高学习的积极性。兴趣浓了,思维自然也就活了。

教师可以巧妙地引导学生在新旧知识的联系点上下功夫,克服学生对新课"望而生畏"的心理,设置深入浅出的情景,通过精心设置系列问题形成问题组,既能层层深入,在学生的讨论中把问题逐步深化,又加大了学生的思维容量,从而加深理解,达到优化认知结构和能力结构,提高情商指数等目标。

在"盐类的水解"教学中,让学生根据实验现象,结合课本,分析盐类水解的实质,指导学生对难点进行分解分析。设置问题组如下:① 在醋酸钠溶液中存在平衡体系吗？溶液中有哪些离子？这些离子能反应吗？② 氢离子与氢氧根离子的反应构成了水的电离平衡的逆反应,氢离子和醋酸根离子的反应会对水的电离平衡产生影响吗？产生了何种影响？③ 氢离子和氢氧根离子的浓度还相等吗？通过化整为零的方法,将问题进行分解,有利于学生的学习。

　　值得注意的是,在问题组的设计中,教学情境的设计不仅要针对学生发展的现有水平,设计的问题还要有思考性,要为学生的学习提供一定的思考空间,才不会使教学情境的应用陷入盲目热闹的误区。更重要的是,还要针对学生的最近发展区,既提出当前教学要解决的问题,又蕴含着与当前问题有关、能引发进一步学习的问题,形成新的情境。只有这样,才能有利于学生自己去回味、思考、发散,积极主动继续学习,达到新的水平。

三、形成结论,设置判断情景

　　化学知识的获得不是一蹴而就的,既需要过程,又需要结论。过程是结论的手段和支撑,结论是过程的升华和归宿。当学生经历一定的化学学习过程后,头脑中或多或少会形成一些化学活动经验,而这些经验往往是肤浅的、零散的,甚至是不够准确的。这时,他们先要回味探索新知的过程,初步连接、梳理活动经验,然后在集体交流的基础上才能形成完整、准确的共识,从而获得结论。从过程到结论,学生还需要回味、比较、梳理和碰撞,即使他们离结论的形成只有一步之遥,也不会是水到渠成。显然,设计判断情景能有机地将过程和结论连接。

　　创设判断情景的思路很多,可以故意设置错误论点,让学生"唱反调";可以欲擒故纵,努力让学生自主创设问题情景,解决问题;可以旁征博引,把问题悄悄地植入课堂,创出别样的效果;可以独辟蹊径,提出问题让学生去辩论,使真相越辩越明。

　　日前,一个叫《青花瓷・化学版》的帖子火遍各大论坛。原本优美的《青花瓷》,一下子被唱成"无色酚酞面对碱羞涩脸绯红,紫色石蕊遇到碱青蓝慢淡出,酸碱和盐融入水离子解离开,酸和氢氧跟金属三角恋……"一些教育界人士对这一教学方法认可之余,提出知识科学性方面的质疑。一位聪明的教师充分地利用了这一点,在实验复习课结束时,教给学生一个任务——对这首歌挑刺。立刻就有学生利用该节课的知识对部分歌词提出不同的看法。如"硫酸飞溅沾皮肤立即用水洗,涂碳酸氢钠",有学生就认为不对,指出如果是浓硫酸,应该先用干布擦去,再用大量水冲洗。这种寓教于乐的方法既能调动学生的学习兴趣,又巧妙地对该节课的要点进行了总结与应用。

四、知识深化,设置探究情景

学生在自主学习过程中有时会遇到不会进一步深入分析的情况。这时创设情景,诱发探究,对学生的学习至关重要。教师要创设能促使学生主动学习的探究情境,引导学生从多个角度、更深层次分析问题,达到将知识深化的目标,而不能只停留在表面上。好的探究情境能使学生产生探究的原动力,是探究性学习取得良好效果的重要保证。

教师要深入研究教材,精心设疑布阵,创设出能使学生"我要学"的情景,以便营造出探究的氛围。教学中巧问善诱是营造这种氛围的最好方法。我国著名教育家陶行知先生说:"发明千千万,起点是一问。"教学中要善于问,更要会问,要指导学生多问善问。

2009年11月江苏省中学化学优质课评比荣获初中一等奖的"金刚石、石墨和C_{60}"整节课充分地考虑了学生的认知需要:以触摸铅笔芯、向锁芯中加入铅笔芯粉末开启锁锈并将铅笔芯连接到电路等活动,增加学生的感性认识;由学生亲自动手向红墨水的溶液中加入木炭粉,体验木炭的吸附性;由古人字画至今清晰如初和广告语"钻石恒久远,一颗永流传"感悟常温下碳化学性质的稳定等,均充分体现了以学生为主体的新课程理念。而在问题引领、启发思维方面,由类比实验室制取氧气的有关装置,引导学生自己设计木炭与氧化铜反应的实验装置并完成实验;在学生已经了解金刚石、石墨都是由碳元素组成的单质后,设计环环相扣、层层深入的问题组,引导学生观看三种单质的微观结构模型及其相关化学性质的视频资料。

这种以探究为活动方式创设的学习情景,突出的是"问题—探究—结论—问题—探究—结论—问题……"式的开放教学过程,将教学内容转化为问题,唤起学生的探究欲望和探究兴趣。通过对以上问题的讨论和探索,可以充分发挥学生的创造力和想象力,挖掘学生的潜力,其根本实质是变"要我学"为"我要学"。

五、规律获得,设置应用情景

教育的一个最主要目标,就是使学生能够将所学的知识迁移到新的情境中,并解决以前没有直接遇到过的问题。将学生已知的知识、规律作为应用情境教学的切入点,不仅能够提高学生的注意力,而且能够使学生在解决问题过程中使知识迅速得以建构。尤其是在教学中创设与科学、技术有关的情境,有利于化学课堂教学向学以致用的方向趋近,转变学生不正确的知识经验,同时,让学生学以致用是学生巩固知识的有效方法。

应用情景教学特别强调通过具体的知识应用向学生提出问题,进一步提高学生分析、解决实际问题的能力。应用情境如果来自学生身边的实例(如生活实例或教材实例),则更容易激发其主动探索实际"问题"的欲望,促使学生自觉挖掘自身的学习潜力,积极进行探究式学习的尝试,开展创新活动。

例如,利用原电池反应原理让学生自己制作简易电池,包括简单的燃料电池和水果电池。学生基于身边的材料,利用已学知识,分组设计实验,制作报告。学生最后汇报出色的成果:有的用多孔碳棒制作出简易氢氧燃料电池,能使小灯泡发光;有的改装废旧电池,制作成仿干电池,连接上小电珠,小电珠忽明忽暗;有的利用铜丝、铁丝、橘子制成水果电池,耳机里可以听见奇妙的吱吱的响声……形形色色的成果吸引了学生的眼光。学生之间相互学习、相互交流、相互评选。这样每位学生都参与到活动过程中来,在活动中获得无限的乐趣和成就感。

当然,教无定法,尤其是教授不同学科、面对不同群体时,更不能照搬硬套。苏霍姆林斯基说:"在每个孩子心中最隐秘的一角,都有一个独特的琴弦,拨动它就会发出特有的音响。要使孩子的心同我们讲的话产生共鸣,我们自身就需要同孩子的心对准音调。"新课程教学也是如此。"感人心者,莫先乎情",情景教学能拨动学生情感的琴弦,的确是教学中重要而有效的方法。

第八节　基于学法指导的微课开发的思考

近年来,微课在课堂教学上的应用日益广泛。但是众多的微课开发和应用绝大多数都是基于教师的教法。在针对学法指导方面,微课数量很少,并且缺乏系统性。本书着眼于尚未得到教师普遍重视的学科的学法指导,列举了适合微课开发的指导点,梳理了学法指导的微课开发流程,对学法指导微课开发的意义和应用进行了自己的思考和探究。

微课以视频为主要载体,记录教师在课堂内外教育教学过程中围绕某个知识点或教学环节而开展的教与学活动的全过程。微课以其碎片化、情景化、可视听化的优势,丰富了学科学习方法和手段,推动了学科教学方式的变革。近年来学科知识的微课已日臻完善和成熟,但在学法指导的微课开发和制作方面仍有很大的探索空间。

一、基于学法指导的微课开发的意义

结合不同学科的特点,微课的价值在学科教学中得以充分体现。比如化学学科,有了微课的帮助,微观粒子的模拟呈现可以直观化,化学反应原理的阐述可以反复化,化学实验的演示具备了时空可移动化。但是,也正是因为这些强大的优势,目前化学微课的开发多局限在以微观、宏观、符号为出发点的学科知识上,而以开发学生认知能力为出发点的指导学习方法的微课却少之又少。

据统计,在2016年青岛市教科院组织的青岛市中小学微课开发的评比中,高中各学科的微课作品共2 502件,但其中只有2件是关于学习方法指导的,其余全都是针对知识教学方面的。即使在无所不包的搜索引擎中,"微课视频"关键词搜索结果显示将近3万条,但有关学习方法指导方面的,却仅有可怜的1条。可以说,学法指导是目前微课开发中的一个空白区域。所以,在课程方面,学法指导的微课开发相较于学科教学方法和知识点突破的微课开发是更有必要和急切的任务。同时加强有关学法指导微课的开发和建设,更利于丰富和完善各学科的教学资源。

在教学方面,学法指导的微课开发有利于增强教师对学生学法指导的效果。传统的学法指导,受限于时间、空间、材料储备及学生领悟力、接受力等多种因素,实际效果往往难以令人满意。比如在指导学生进行集锦本的整理时,教师首先要从众多的集锦本中挑选出几本有代表性的本子,而且要兼顾优差两方面,然后对学生进行方法指导。教师要通过两种类型集锦本的比对,指明其典型例题的来源和判断标准,对于集锦本中科

学的处理方式加以肯定和强调。在此基础上,引导学生总结出集锦本整理的方法和需要避免的常见问题。对这一方法指导,教师在准备过程中需要耗费大量的时间和精力。在教师指导过程中,受限于座位和讲台的距离,并非所有的学生都可以看清听清教师讲解的所有内容。同时,由于某些客观或主观因素,并非所有的学生都能跟上教师的节奏,只要注意力稍一游离,就容易跟丢某个关键环节。指导结束后,教师费时费力、精心准备的材料和总结出的方法也都很难长久保存。

但所有传统学法指导所面临的困境,在微课时代都不再是问题。学生距离远了看不清,可以随时拉近镜头以突出某个细节。一时走神,遗漏重点可以随时重复观看,直到弄懂为止。材料太多,指导过程复杂,一个小小的优盘可以让一切尽在掌握。微课的可移动性使学生随时随地接受指导成为现实;图文并茂、音形俱备的信息呈现方式更容易吸引学生;在教育范围和影响程度上,微课的可重复性使教学方法的指导价值增值。因而相较于传统的学法指导,微课具有巨大的优势。

二、基于学法指导的微课开发的流程

学法指导的微课设计的第一步,是要找准学法的指导点。学法指导点的确立,既要有学科教学体系的顶层设计,又要有基于学情的本土设计。另外,指导点的确立,不能只关注表面问题,还应研究学生,关注背后的真问题。比如,指导学生完成作业。这个指导点略显大而空。学生的作业完成中存在的问题可能有很多,最主要的是不会分配管理时间,其次是不能处理好复习与作业的先后关系。所以在针对作业指导的问题上,可以确定微课主题为"如何管理写作业时间"。

再以"物化生教参书答案的科学使用方法"为例来说明如何确立指导点。教学过程中发现学生直接照着答案对基础知识部分进行填空,完成的习题仅借助于答案进行批阅。教材书所附的答案被学生当成了拐杖。答案中的信息价值被完全忽视。设计这个方法指导微课的初衷是要帮助学生意识到教参答案的价值,并且科学使用。下面将以此为案例介绍学法指导的微课开发过程。

第一步,确立科学而准确的指导点,这是一个学法指导微课成功的开始。基于以上原则,设计生物(化学)学法指导的微课开发的部分目录,见

表 2-6。

表 2-6　生物(化学)学法指导的微课开发部分目录

学习环节	指导点
阅读或自学	1. 如何预习元素化合物知识(化学反应原理、物质结构)
	2. 新授课(一轮复习)前如何阅读教材
	3. 思维导图在元素化合物章节的绘制方法
课堂学习	4. 如何做好生物课堂笔记
	5. 如何进行生物实验观察
	6. 生物课本的空白栏如何利用
课后复习或作业	7. 如何使用假期(周末)导学案
	8. 如何整理生物集锦本(错题本)
	9. 如何使用生物集锦本(错题本)
	10. 生物教参书答案的科学使用方法
	11. 如何管理写作业时间
考试方法指导	12. 如何进行单元(阶段性检测)考前复习
	13. 如何做好考后反思
	14. 如何使用检测题回归表
	15. 如何进行生物考前准备

第二步,确定科学的方法。这是考验教师教学内功的关键,需要做到以下三点:首先,需要明确学生的不足和欠缺,对症下药;然后,根据个人的教学经验形成方法草案;最后,还要注重提升个人的教育研究水平,通过查阅论文、学习课题研究成果等方式,对草案进行提升、修改和完善。必要时,可以集思广益,集备组或者教研组内利用集体智慧共商最佳方案。关于教材答案的使用方法,最终确定为两个关键。第一,要求限时训练、独立思考、独立完成。第二,答案的功效不能局限于提供订正标准。对答案的科学的使用方法,是要能够根据不同的训练内容和掌握情况,对答案进行审视、利用、提炼,然后采取不同的后续措施。指导的方法确定为对比法、个案分析法。

第三步,搜集素材和典例。搜集的渠道具有多个途径,可以是网络、电视、报纸等媒介，也可以是身边的实例、实验、教参等。学法指导微课方面的素材也丰富多样，包括视频、图片、照片、实物等，还可以是最新公开发表的课题成果。素材中的实物包括实验用品、集锦本、课本、导学案、反思表，甚至学生的笔记、作业等。如果是个案分析型的微课，典例的选择格外重要。"物化生教参书答案的科学使用方法"微课制作前期准备的实物有典型教参一本和答案三本，网络搜集的相关图片、音乐及动画，另外提前拍摄三段小视频。

第四步，编写微课脚本。在正式制作微课视频之前，我们需要根据课题的指导目标设计、指导方法设计、呈现方式设计等构思微课流程，并逐步细化，最终写成详细的脚本文稿。脚本文稿包括每一个镜头的时长、画面、解说词、字幕、配乐等。脚本越周全详细，制作效率越高，出错返工情况越少。脚本编写基本上要尊重既定的方案，但是设计过程中，也允许不受原案的限定调整或增加相应内容。表 2-7 是"物化生教参书答案的科学使用方法"的微课脚本设计。

表 2-7　"物化生教参书答案的科学使用方法"微课脚本设计

微课名称		物化生教参书答案的科学使用方法	授课对象	高中学生	视屏长度	350 秒钟
学法指导内容描述		帮助学生学会科学高效地使用物化生教参答案，培养良好的独立思考习惯、整合能力和批判精神。				
资源准备		1. 物化生教参书及答案；2. 美化图片及音乐；3. 录制视频				
结构	镜头		画面内容	解说词		艺术效果
	编号	时长（秒钟）				
第一部分片头	1	10	标题"物化生教参书答案的使用方法"	亲爱的同学们：在基础知识复习和习题训练时，都要用到教参书。教参书的答案应该如何使用才能产生最大的效果呢？今天，我们就来一同学习。		配背景音乐
第二部分个案展示或对比	2	20	展示三个学生完成的教参样本比对	同学们现在看到的，是由三位不同的同学完成的相同内容的习题训练。你跟哪一位同学比较像呢？		
	3	60	播放三个学生完成情况的小视频	这三位同学是怎样完成的呢？哪一种的学习效率更高、学习效果更好呢？好在什么地方呢？带着这些问题，我们观看视频。		

结构	镜头		画面内容	解说词	艺术效果
	编号	时长（秒钟）			
第三部分个案评析	4	30	字幕"学生常见做法评析"；镜头分别对应展示三张图片	第一种，只做题而不订正答案,物化生教参书答案的价值为零,不能及时得到反馈。这种方法效率很低。	镜头2重放
				第二种,做完题后立即进行订正,能够及时获得反馈,相比于第一种使用方法,学习效果有所提高,但对教参书后答案解析没有充分利用。	
				第三种,教参书答案的利用率更高,不仅可以及时获得反馈,而且又进行了二次学习,有利于对知识点的复习、巩固和提高。	
	5	10	展示问题：第三种有没有可以改进的地方呢？	第三位同学的做法,其实也有可以进一步改进的地方。第一,使用答案的时候,应该用审视的眼光来看待。因为有的时候答案里边可能会有知识性的错误。	带"?"的图片
	6	10	展示两张图片：习题及对应答案	仔细看微课中这一页的题目及对应答案。其中第三题的答案是错误的,很遗憾,咱们同学在订正答案的过程中没有发现,仍然按照错误的答案进行了批改。	逐渐突出第三题
	7	10	展示图片：带下划线的有使用痕迹的答案	第二,尽管该同学在使用答案的过程中,相应的答案详解都有横线或者勾等标记,但是仅仅是一个知识点或者解题规律的回顾,或者对自己错题的解析,如第五题,缺乏深度的二次梳理和整合。	逐渐突出第五题的答案分析痕迹
第四部分方法总结	8	5	字幕：教参书答案的使用方法	现在,我们来总结一下如何高效科学使用教参书答案。	
	9	30	字幕：一、使用答案的节点 图片：错误的做法	这是答案使用的开始。建议在整块的限时训练结束后进行答案订正。要注意不能每做完一个就对一次答案,也不能一边看着"参考答案与解析"一边来做。因为这两种情况都不利于同学们形成良好的做题节奏,也不利于连贯的思维习惯的培养。完成某一课时题目后,应立即订正答案,从而收到趁热打铁的效果。	错误做法的图片,上面打叉号

续表

结构	镜头		画面内容	解说词	艺术效果
	编号	时长（秒钟）			
第四部分方法总结	10	90	字幕：二、使用答案的方法 图片：习题训练	在认真阅读和分析答案解析之后进行详细的题目分析：对于做对的题目，要认真分析一下自己是否完全理解了这道题目，对于侥幸做对但还不是十分理解的题目，要标记出来，及时查阅学习材料，也可以向老师和同学请教；对于做错的题目，要分析做错的原因，分门别类地进行解决。如果是因为粗心而做错，一定要引起足够的重视，避免下次重蹈覆辙。如果是因为知识点掌握得不扎实而做错，一定立即查阅资料，如教材、笔记以及前面对应典型例题的解析，及时查缺补漏，完善自己的知识体系。现在屏幕上所示的化学反应方程式等识记性内容，应该进行反复性的强化，以达到巩固记忆的效果。	动画设置
	11	15	图片：出错的典型题目及答案二次加工	如果是因为没有思路而做错，一定要认真分析和总结这道题目的做题思路，举一反三，为以后解答相似思维方式的题目打下基础。而规律性的题目答案中隐含着思路。应从答案详解中提炼出对应方法和规律，也就是答案的二次加工。如 HX 的性质递变规律，原参考答案中并没有精准的归纳，可以自己提炼并总结。	动画划出答案的二次加工内容
	12	30	字幕：三、注意事项	使用答案过程中，还要注意的就是不能盲目相信答案，认为所有的答案都是正确完美唯一的，应该怀着一种批判性学习的态度订正答案。尽信答案不如无答案。	
第五部分个案修订	13	30	分析和完善自己的使用方法	同学们：高效科学地使用物化生教参书可以帮助我们达到事半功倍的效果。请你分析一下自己目前的方法，进行相应的调整和完善。祝愿每一位同学都能掌握科学的学习方法，实现自己的梦想。	美化图片

最后，微课的制作与合成。这一个环节与学科知识的微课制作并无二致。微课制作目前主要有摄制型、录制型和合成型三种。前两种因为技术要求比较低，制作周期比较短，目前被广泛应用。与实验有关的微课，

一般采用摄制型。录制型常适用于 PPT 课件等静态画面,能给学习者更多的思考空间。但是,调查结果显示,学习者更容易被动静结合的合成型微课所吸引。合成型微课,集前期设计、中期制作和后期编辑于一体。在中期制作中,通过镜头的伸缩,放大局部,突出重点;在后期编辑中,添加转场效果的动态过渡呈现出空间感和动态感,有利于学习者的注意力集中。例如,教师在指导学生对"物质结构与性质"模块采用对比法进行单元总结时,同样是对比几种晶体的空间结构,动态的三维模型展示效果远优于图表式的对比,学生体会更深刻。当然合成型微课的制作,需要较高的技术支持和视频编辑水平,有条件的可请相关专业人员参与后期制作。

总之,学法指导的微课开发过程,可按照图 2-5 的流程进行:

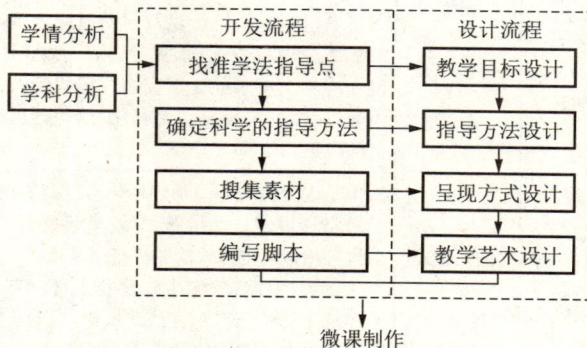

图 2-5 学法指导的微课开发流程

三、学法指导的微课开发的几个思考

1. 以学生为本的原则

开发过程的每一步,都应该建立在了解学情的基础上,以学生为中心,明确学生哪些学习方法存在不足,哪方面需要帮助,明确哪些素材、哪种呈现方式更容易让学生接受。最后的效果评价也应落脚在学生的学习效果上。只有以学生为本开发的微课才是有价值的。

2. 合作式开发的前景

微课的使用和普及仍然处在初级阶段,尤其是学法指导的微课制作,需要合作式开发。调查问卷的统计结果显示,目前学习方法方面的微课在以下方面仍需要改进:

（1）数量太少，不足以满足学生学习需求；

（2）缺乏交互性，学习者容易产生视觉疲劳；

（3）学法指导微课虽然重点和难点突出，但是内容缺乏独立性和完整性；

（4）学法指导微课相互之间缺少逻辑联系，没有形成系统，比较分散，对学生的学习不能起到长期的促进作用。

针对学法指导微课用于教学实践中的数量少、资源利用率低、教学点零散等问题，进行系统的学法指导微课设计，建立教学方法微课的资源库是急切而必要的。

3. 体现微课核心的评价

在学法指导的微课制作的评价方面，目前尚没有深入的研究，缺乏像课程教学那样清晰明确的标准和成熟的教学理念。但是一个重要原则应该是，重在方法设计和学法指导的过程，而不在制作技术上，本末不能颠倒。教育部教育管理信息中心组织的中小学微课大赛的评审标准，就具有一定的代表性。笔者在此基础上设计如下的学法指导的评价标准，见表2-8。

表2-8　学法指导的评价标准

评价角度	评价标准	A	B	C
选题设计 15 分	选题精准	5	4	3
	设计合理	5	4	3
方法指导 30 分	科学正确	10	8	6
	素材典型	10	8	6
	逻辑清晰	10	8	6
作品规范 15 分	结构完整	5	4	3
	技术规范	5	4	3
	语言规范	5	4	3
教学效果 40 分	形式新颖	10	8	6
	吸引力强	10	8	6
	目标达成	20	16	12
总分 100 分				

值得注意的是,现在虽然盛行微课,但我们要冷静思考:微课虽有价值,但不是万能的,微课教学只是一种辅助的教学手段,无法代替常规的课堂教学;面授指导给学生带来的直观感受,是微课教学无法实现的;微课开发和实施还有很多需要研究探索的地方。学法指导的微课教学和常规教学各有长短,应扬长避短。

第九节　让反思成为教师职业生涯的一种习惯

在课程改革的今天,反思性教学是一种良好的教学习惯。能否坚持对自己的教学行为进行反思是一个教师进取心、责任心、勇气和意志力的表现,是教师能否在教学实践中运用好教学新理念的决定因素。能否坚持反思性教学被看作是教师职业发展的决定因素。叶澜教授说:"一个教师写一辈子教案不一定成为名师。如果一个教师写三年的教学反思,有可能成为名师。"这反映出反思性教学对教师专业发展的重要性。

反思,原为唯心主义哲学概念,指对思想本身进行反复思索,后来泛指对某些事物或过程的重新回顾和认识。人之反思,古今皆有之,它是一种文明程度和个体成熟与理智的标志。古有"扪心自问""吾日三省吾身"之言,今有"反省""检讨"和"人贵有自知之明"之说。反思,首先是思想界和知识界关于元科学研究的一种理念与方法,后来移植于教育教学,便产生了反思性教学。

一、科学整体地把握反思性教学的内涵

自 20 世纪 80 年代以来,教师反思成为教师教育领域研究的热点,这与教师专业发展的要求密切相关。杜威最早对反思进行了描述,他在1933 年的著作《我们如何思考》中指出,对于任何信念或假设性的知识,按照其所依据的理由和进一步得出的结论,去进行主动的、持续的和周密的思考,就形成了反思。其后,各国学者纷纷对反思进行研究,由于研究视角不同,提出的看法也不尽相同。一般认为:反思就是用批判和审视的眼光,多角度地观察、分析、反省自己的思想、观念和行为,并做出理性的判断和选择的过程。

华东师范大学熊川武教授在他的《反思性教学》中指出,反思性教学

是教学主体借助行动研究,不断地探究与解决自身、教学目的以及教学工具等方面的问题,将"学会教学"和"学会学习"统一起来,努力增强教学实践的合理性,使自己成为学者型教师的过程。

反思性教学不同于教学评价和教学反馈,也不全等于教学反思。教学评价一般是指对教学的价值判断。它事先制订一个评价方案(含评价标准与评价方法等),然后对教学做出是否达到标准、达到程度如何等的价值评判。教学反馈一般是指将一部分教学的结果(知识结论)又返回其知识发生过程和教学过程中以检验其结果即知识结论正确与否。教学反思是关于教学是否符合教学规律、是否趋向合理性的一种理性思考,事先不可能拿什么规律和合理性作为标准,只是一些公认的教育常理或教育理念,以及那些体现教育规律和教育意志的教育方针、政策等。而反思性教学之所以不全等于教学反思,因为它丰富和发展了教学反思,不仅有教学的反思,更有反思的教学,即不仅只对教学经验做出静态的反思,更有反思后的积极整改的更趋合理性的教学实践。值得指出的是,反思性教学在实践过程中也常常离不开教学评价和教学反馈。

反思性教学对教师专业发展具有重要意义,因为教师发展的过程是自主学习和提高的过程,其含义在于教师行为的改变。这种变化来自教师的内心。可以说,教师专业发展就是一种自我反思的过程。反思被广泛地看作教师专业发展的决定性因素。美国心理学家波斯纳更是给出了一个教师成长的简洁公式:教师成长＝经验＋反思。"如果一个教师仅仅满足于获得经验而不对经验进行深入的思考,那么,即使是有20年的教学经验,也许只是一年工作的19次重复。除非善于从经验反思中吸取教益,否则就不可能有什么改进。永远只能停留在一个新手型教师的水准上。"

二、教师应强化反思意识、知晓反思内容、掌握反思策略、研究反思方法

反思性教学怎样才能确证教师的教学主体性呢?我们以为,教师应当强化反思意识,知晓反思内容,掌握反思策略。反思意识的养成,就是使反思成为教师的存在方式。在认识层面上,需要教师充分意识到反思对自己主体性的提升具有重要价值;在实践层面上,需要教师针对反思内

容,运用反思策略持续地进行反思实践。

教师反思的内容,即教师反思什么,一直是反思研究的重点。在这方面,教师要学会"五用五看":用理想的眼光看现实的教学,用发展的眼光看过去的情况,用遗憾的眼光看成功的结果,用辩证的眼光看失误的问题,用陌生的眼光看熟悉的经验。"五用五看"的内容正是反思性教学的重要内容。

反思性教学的策略有案例反思法、专题反思法、过程反思法、因果反思法、辩证反思法、评价性反思法、技巧反思法等。过程反思法,就是指教学过程中的事前反思、事中反思和事后反思等。因果反思法(也叫结果反思法),即由结果反思原因与行为的方法,可分由结果反思目标与计划、由结果反思内容与策略、由结果反思过程与方法等。辩证反思法,即由教反思到学、由学反思到教、由成功反思到失误、由失误反思到发展、由现象反思到本质、由个体反思到集体等。

根据反思的时间点,教学反思可以分为教学前反思、教学中反思、教学后反思。教学前反思具有预测性,使教学成为一种自觉的行为,有效地提高教师的分析能力;教学中反思具有调控性,使教学成为一种多向的互动,有助于提高教师的应变能力;教学后反思具有批判性,使教学成为一种理性的评价,有助于提高教师的总结能力。

反思意识、反思内容和反思策略三个环节是相互促进的动态过程。只有养成了一定的反思意识,教师反思才有可能;只有知晓了一定的反思内容,反思才会有的放矢;只有掌握了一定的反思策略,反思才能更高效。每一次循环结束后,反思意识更强了,反思内容更全面、更深刻了,反思策略更丰富、运用更娴熟了,这样,下一次循环则在新的起点上启动。如此反复,教师教学主体性在反思性教学实践中才能不断得以确证。

三、如何培养反思能力

教师的反思能力在促进教师专业发展方面具有重要作用。对教师反思能力的培养研究成为教师教育实践培训的核心问题之一。

坚持反思日记是提升反思能力的常见做法。一次教学结束后,宜详细回顾并记下自己的教学全程,就反思的五项内容进行分析,或者以课后记的形式反思。

请看一则课后反思的案例：

"铁及其化合物的应用"第一课时　教学反思

本节课属于典型的元素化合物的知识的学习。重点在于铁单质及化合物的性质这部分基础知识多,学生在进行这一部分知识学习时,容易眼高手低;另外,铁的内容中应用了很多前面的重点知识,如离子方程的书写、氧化还原的概念。有些学生用到综合知识时,容易感到难度较大。所以,根据这种情况,本节课的设计主要以夯实基础、强化能力为目的,尤其要将课堂还给学生,强化学生在教学中的主体地位。现在,从作业及试题完成情况来看,学生的掌握情况良好,基本达到了预期目的。

一、本节课环节设计

1. 引入新课

本节课设计了一个魔术表演引入新课,激发学生的兴趣。一开始就以一段魔术表演引入新课,从而创设问题情境,力求使学生对本节课内容的学习产生兴趣,在心理上形成一种预期,激发学生求知的欲望,调动学生思维的积极性。

2. 内容讲述

重视学生能力的培养,而不是知识点的灌输。(1)三个问题组的设计,贯穿了整节课的内容,使不同基础的学生有能力进行思考并解决问题。(2)探究实验的设计,加强了学生的动手实验能力和知识应用能力,并且引导学生正确地确定实验目的,减少实验的盲目性。(3)在学习铁的化学性质时,由学生根据已有的知识和方法自己探讨,物理性质由学生总结,化学性质通性由学生讲解。基本达到了教学目的。

注重夯实基础,加强课堂落实。(1)基础较弱的学生板演方程式。(2)新课中出现的新物质和化学式当堂令学生练三遍。(3)当堂小测验,检验离子方程式的书写。(4)学生板演的内容,由下面学生进行纠正。从作业的情况看来,当堂落实的知识学生普遍掌握较好。

3. 作业

因为课堂容量问题,本节课只能完成亚铁离子转化为三价铁离子的教学任务。在此基础上,正好因势利导,让学生根据本节课的学习思路与方法,自行进行后面知识的学习,这是一个探讨性作业。

另外,根据分层次教学的教学思想,布置作业时有意识地布置必做作业和选做作业,以适应不同学生的能力。

4. 本节课小结

并不采用传统的学生小结或教师小结,而是与上课开头相呼应,由学生讨论魔术现象的原因,从中强化出这个实验的解释就是本节课的两个重点。这样做,既首尾呼应,又突出了重点知识的应用。通过这种方式可达到本节课小结的目的。

5. 静悟与检测

当堂静悟,给学生时间记忆。当堂检测,不考题目,考基本方程式,课后全批全改,了解学生基本知识掌握情况。

二、课堂中发现的问题及处理方式

学生到黑板板演方程式时,由于基础欠缺,对于铁与不同物质反应的产物中的价态模糊不清。教师在与下面的学生一起纠正时,正好利用错误,强化铁的价态问题,为下面的小结做好铺垫。

学生的动手能力有待进一步强化。本节课学生的分组实验中,个别学生实验不规范,药品取量及取法错误,另外有个别学生限时实验操作不完。在后面的元素化合物的学习中,继续坚持这种实验探究的方式,相信对学生动手能力的培养应该会有很大的帮助。

这个班级电脑中未安装 Flash 软件,造成一个实验动画打不开,以后可提前一天请负责多媒体的学生进行试播。

三、本节课的进一步思考

在本节课的教学中,采用了学案导学法,学生课前利用学案进行了预习。我正在考虑,是否可以尝试使用江苏东庐中学采用的"讲学稿法",即采用更大胆的尝试,使用师生共用的讲学稿。

我们现在用的学案导学法,与东庐中学采用的"讲学稿法"相比效果为什么会有差别?我想关键在于思想与实质,而不在于形式。所以,能不能更进一步解放思想,结合我们学生的实际特点,融入一些更先进的教学理念,将作为我在以后一段时间里考虑和研究的内容。

除了课后记外,以下方式也可以培养教师的反思能力。

① 课堂录像。用摄像机把自己的教学过程录制下来,课后重播,围绕反思的五项内容做分析。

② 同行观摩。请同行听课,课后研讨,让他们指出自己课堂中存在的问题,进而明白自评(自我反思)与他评之间的差异,以进一步改进自己的教学和反思。

③ 校际赛课。与别的学校教师相互就对方课堂进行建设性质疑,然后共同商讨对策,共同提高。

④ 专家观摩。不定期地邀请专家(包括理论专家和学科专家)光临自己的课堂,课后认真、充分地与专家对话,并积极感悟。

课后记与第一种方法是单纯的自我反思,通常难以深入。故反思之初,可多练习后三种策略,因为在与他人对话时,教师可以使自己的思路更清晰,反过来对方的反应又激发自己做更深入的反思。一旦反思意识增强了,自我反思也不失为好策略。

教师的反思能力也可以通过各种干预性研究得以加强。学校要求教师互相听课、评课,上研讨观摩课并摄制光盘,学校领导和骨干教师直接与教师对话、沟通交流、组织教学反思与个案交流、观看课例等,目的就是要构建一个教师自我反思交流的平台,让教师在教学实践中发现问题、提出问题、研究问题和解决问题,使教师在自我反思中提升自己的教学水平,促进教师专业的成长。

四、教师应注意反思性教学中常常出现的问题

仅仅知道教学性反思有多重要,知道要从哪些方面进行反思,还是远远不够的。从以下两个案例中能看出教师在反思性教学中常需要面对的问题。

案例一 ....●

　　去年笔者上了一堂公开课,可是关于这堂课的案例书写教研组内引起了唇枪舌剑的争论。焦点在于案例的书写是否需要艺术化加工。观点无非两种:一种认为,案例必须是真实的,不能加以虚构和修正;一种认为,为了体现作者的教育理念,案例应该允许适当的加工。笔者倾向于第一种观点:教学案例应该是对真实教学现象的反思与分析,实际情况如何就该如何。至于当中的精华与糟粕,在反思中尽可以畅所欲言。只有这样,才能真正体现反思的价值。

案例二 ....●

　　刚走上三尺讲台的年轻教师小王,满腔热情,兢兢业业。可是期末考试时,他所教的两个班级成绩都不理想。小王面对这样的成绩很着急,很自然地回过头来反思自己短暂的教学生涯,想找出原因,改进工作。经过反思,"原因"找到了:对学生太"客气"了。于是,后边的教学中,他脸上的微笑少了,语言的训斥多了。这也是一种教学反思。可是这种反思带给教师的是什么? 这种消极的、负面的反思为教师今后的发展设置了障碍。

　　所以说,反思需要以正确的理念作为引导,这就需要我们把反思和读书学习结合起来。反思的前提是认真学习教育理论,密切关注教育发展动态。这种学习和关注为反思的方向性、深刻性、必要性、及时性提供了保证。

　　尼采说,人类一思考,上帝就发笑。然而,上帝笑了,人类可不能跟着乐,还要思考。对于"传道、受业、解惑"的教育工作者来说,思考,可能只是为了在脑中开出一朵花,却总会意外地收获一片花海。愿我们的每一位青年教师都学会反思。

第三章
基于实践智慧的教师专业发展

第一节　80 后青年教师成长的三个支撑点

　　每一位教学能手都是从青年时期成长起来的。青年教师的业务成长需要支撑点。这些支撑点,往往与教师们评优或者职称的实际需求息息相关,可能有些"俗气",但是正是这些看起来"俗气"的东西,会见证我们成长的足迹,让我们一步一个脚印,一个阶段一个目标地慢慢成熟。这些支撑点就是课、论文或课题、规划。

　　首先谈一谈课的问题。目前,对公开课有不同的声音。有人认为,公开课就是表演课,不能真实地反映平时的教学状况。另外,公开课常常会"劳民伤财",牵扯师生大量的精力,有的还要耗费物资。有的教师对于公开课也持逃避的态度。如果非要上公开课,也往往会有以下原因:有的因为评职称要加分;有的是因为组内的成员轮流讲课,轮到自己了;有的因为是新教师,只能自己来上课;有的是因为教务处安排的只能服从。也就是说,很多教师的公开课是"被要求"的。为什么会出现这样的一个现象呢?主要原因应该有两方面:一方面是因为准备一堂公开课,确实耗时耗力,让教师们感到很辛苦;另外一方面就是公开课实际上是一个教师各方面素质和能力的展示,并且展示结束后还要接受他人的评价,这个评价往往给教师们带来很大的压力。

　　但是,从正面的角度考虑,公开课能带给教师什么呢?首先看特级教师相佃国对青岛市 80 后教师教学方面的一个数据统计,该统计很有代表性。此次调查中,面向全市 80 后高中化学教师发放问卷 151 份,回收有效问卷 122 份,有效率 80.8%。对 11 所 80 后高中化学教师任教班级的学生按班级人数的 1/6 发放问卷 422 份,回收有效问卷 359 份,有效率 85%。调查中有三个方面的内容是与教学直接相关的,见表 3-1、表 3-2、表 3-3。

表 3-1　80 后高中化学教师的课程理念

对课程的认识	比率/%	对教材的认识	比率/%	对课程教学策略的认识	比率/%
知道课程理念的一些条文,但认识模糊	57.4	新教材栏目多、信息量大,形式活泼	66.4	课堂教学中学生应该服从于教师	40.9
对旧课程的印象主要来自高中阶段的学习,感觉与新课程有些区别	15.6	新教材注重学生认知规律和知识应用,有利于学生学习	17.2	课堂教学中给学生提供自主参与的机会	34.4
按照课标和考纲要求教学,不关心新、旧课程的区别	27	新教材内容庞杂,教学难于把握	16.4	"教"要服从于"学"	24.7

表 3-2　对教学内容的处理

	经常(比率/%)	有时(比率/%)	偶尔(比率/%)	没有(比率/%)
完全按照教材内容、顺序讲课	77.7	22.3	0	0
适当联系生活、生产内容	29.5	41	29.5	0
完成并补充化学(家庭)实验	43.4	31.2	17.2	8.2

表 3-3　教学方法

你心中教师的课堂教学方式	比率/%	你心中教师对课堂学习的评价	比率/%	对教师的课堂教学的总体印象	比率/%
以教师讲授为主	14.8	以整体评价为主,主要以试题检验学生的学习效果	27.9	讲课好、喜欢听	58.5
讲授与主动学习活动各一半	47.1	经常分组讨论,以活动检验学生的学习效果	33.7	讲得多,留给我们的时间很少	9.7
以学生主动学习为主	30.9	对学生的口头激励评价及时	21.2	教学内容局限于课本,基本没有其他资料的补充	26.1

你心中教师的课堂教学方式	比率/%	你心中教师对课堂学习的评价	比率/%	对教师的课堂教学的总体印象	比率/%
以学生主动学习为主	7.2	课堂上很少检查学习情况	17.2	教学方式单一,几乎不用电脑,做实验少	5.7

　　分析这三方面的数据,不难看出,80后教师处于职业的"菜鸟"阶层,教学有很大的提升空间。这与青年教师的实际教学情况基本一致。青年教师常常存在的问题表现为:有的青年教师心理素质差,上课时过于紧张,精心准备的内容在课堂上表达不出来;有的课堂驾驭能力较弱,出现突发状况或者尴尬的场面,不能够自如地应变;有的尽管也竭尽全力地去钻研教材,慎重地选择教学方法,但是在听课时让人感觉到生涩、机械,各个环节不能有机地融为一体;有的甚至教学重难点把握得不到位,或者讲得不够透彻;还有的教师教学理念比较落后,生搬硬套教学模式。这些都是青年教师急需要解决的很现实的问题。帮助青年教师成长,公开课是一个很好的学习的机会、磨炼的方式。

　　特级教师窦桂梅说:"十几年过去了,现在,我越来越深刻地认识到,上公开课,就像家中来客前必定要洒扫庭院,准备盛宴一样,其中有准备的紧张,更有展示的兴奋。这就像过日子,家中如果没有客人,可能会终年粗茶淡饭,散漫随意。正是那经常光顾的客人,使得我们'家政技艺,一日千里'。"丁凤良老师说:"五年中,我参加了若干次不同范围的评优课。在评优课活动中,我感触最深的是,评优课准备过程是一个不断反复、不断积累、不断提升的过程。而评优课过后无论取得名次如何,自身都将完成一次蜕变,完成一次质的提升,完成一次自我超越。"

　　是的,公开课的整个过程中,从课前的准备,到授课过程,以及最后的评价与反思,青年教师都可以从中得到历练,尽早地成熟,更快地发展。课前要研读教学内容,准确地把握重难点,掌握学情,包括学生的最近发展区、相异构想等信息;查阅大量的资料,在这个过程中增长见识,得到提升;通过请教老教师、听同事的课、听全国优秀课,自己反复地琢磨,反复地修改,在这个过程中锻炼信息检索和利用能力。在课堂教学的过程中,既要使原来的设计和思路得到充分的体现,也要根据课堂的动态生成随机应变,表现出丰富的教学智慧。在课后需要进行评课反馈,在自我总结反思和听课教师的评课过程中,明确得失,为以后的课堂奠定良好的基础。总之,上公开课是青年教师训练"胆""识"的必由之路,是青年教师成长的捷径。

青年教师成长的第二个重要支撑点,也是青年教师在科研能力方面发展的支撑点——论文和课题的研究。"教师即研究者"的观点已经被学术界和广大教育工作者认同。对于教育科研能力,开发越早对教师成长越有利。"小课题研究",或者草根式课题研究,具有贴近教师生活、着眼于实际问题的解决、研究周期短、结题自由、成果灵活多元等特点;倡导教师从日常教学中发现问题,鼓励教师着眼于微观层面、日常教学中的小问题开展研究。它针对教师个体,关注教师个人的教育教学反思与行为跟进,关注教师自身问题解决与经验提升,强调实践性,追求实效性,成为促进教师快速成长的有效途径。化学学科方面,诸如"与物质的量相关的概念学生为什么不理解""化学阅读分析能力的培养""蛋白质的生化学科融合教学如何进行""实验视频在化学教学中的应用",这些教学问题都可以作为"小课题研究"的选题。根据学生不同的年级段也可以有不同的侧重点。高三教学中可以以学生学习面临的问题和困难为核心,如把知识遗忘、知识整合、学习方法、答题技巧、时间管理等作为微课题研究的重点题目。通过课堂观察、集备和教研,组内同伴合作攻关,解决多年困扰教学的微问题,为后面的教学提供经验或教学资源。"小课题研究"可谓"麻雀虽小,五脏俱全",适合青年教师学做研究,一定要及早进行尝试。

以下是不同学科的微课题题目范例:

① 关于溶液中的离子教学微问题的研究(化学);

② 关于几个重要知识点的变式训练研究(生物);

③ 高三地理教学课堂落实的实施(地理);

④ 如何将背过的知识转化成做题的能力(政治);

⑤ 如何提高学生政治主观题的审题能力(政治);

⑥ "少教多学"在高三教学中的运用(语文);

⑦ 如何上好高三试卷讲评课(历史);

⑧ 高三数学滚动练习的有效性和必要性(数学);

⑨ 高三学生英语学习焦虑问题的分析与对策研究(英语);

⑩ 高三物理复习中如何提高学生审题的能力(物理)。

最后提醒青年教师要重视的是，在低头踏实做事的同时，需要时不时抬起头来看路，确立自己的成长目标，科学进行职业规划。这是青年教师成长的第三个重要支撑点。确立成长目标是一个人走向成功的前提，职业规划对于青年教师尤为重要。80后教师只有明确新时期教师职业的目标与要求，并对自我发展空间、发展潜力进行全面分析和清晰定位，才能科学地制订自己的长期、中期、短期目标，才能选择适合自己的发展途径，逐步实现自己的教育理想。

第二节　学科交叉，有机融合

从青年教师教学情况的调查结果来看，深陷"教教材"的窠臼而无力自拔是导致部分教师教学成效不足的重要原因之一。课程整合研究有助于教师回到教学的起点即课程的角度来思考问题：比如，化学这门课程究竟对学生素养的形成具有什么样的作用？如何开发才能实现预期的目标？当教师如此思维时，就意味着能够摆脱不加思考拿来教材就教的旧有习惯，进而能够站在化学教学的角度，整体思考如何通过系统的课程规划与设计培育人。这样的思维方式的形成，对于今日学校和教师而言，具有极为重要的理论意义。

在实践方面，开展课程整合研究，首先，有助于改变学校和教师的课程观念，使学校和教师认识到，课程并不是一些远离学生的、高高在上的专家的专利，学校和一线教师同样是课程建设与开发的主体。作为课程开发与实施的一种方式，课程整合的过程就是教师专业发展的过程。

其次，有助于转变学生的学习方式。课程整合最为根本的是为学生的学习而服务。通过设计相应的学习环境，使真实性学习得以发生，从而不仅使学生获得知识和技能，而且能获得学习的方式，有真实的经历，并生成相应的人格。

最后，课程整合有助于提升教师的教学水平。课程整合激活了教师的课程领导力和教学创造力。教师课程整合能力的提高是教师业务素质提高的标志。教师具备了整合能力可以使自己的课堂成为自由驰骋的广袤大地，可以让教师更好地分配教学时间，有步骤地实现自己的教学目标，提升教学质量。

目前各学校开展学科融合教学的较少，学科融合的途径也较少，没有正式的教材。以化学教学为例，许多教师只有在上公开课时才考虑与其他学科的教师进行探讨，可能会将直观的、常见的、熟悉的生物知识或现象引入课题，使课堂教学更丰满一些；或者作为本节知识点的应用，去分析解决生物问题。平时的课堂仍以"单干"为主，偶尔用生物知识或现象点睛一下。总体来说，不经常实施交叉性教学。

另外，作为理综的物化生三门学科的教材的编写在某些知识点之间也存在不和谐性。如果在学生学完化学中的"有机化学"之后再去学生物中"组成细胞的分子"，学生对蛋白质的认识就会容易许多，而课程编排并不是这样的。所以，生物老师有时会客串一下化学老师，当然，只是简单说说基础知识而已。虽然新课改建议学科间相互交叉渗透，显然不同学科教材的编写并没有沟通好。

在学科融合方面，至少需要探索理化生三门学科交叉教学的有效策略。青年教师应该将课程整合成为教师日积月累的自觉行动。通过相关研究，可以帮助我们解决学科之间缺少综合、类比和交流的各自为政、互不关联的现象，适应学生认知分析的需要，发展学生的认知综合能力。对于高中化学与物理、生物的知识性的有机结合的研究，也就是把握学科整合的桥梁，包括学科间有关联的知识等。总结高中理综学科在知识点上的交集，根据学科的不同特点，研究各知识点在三个学科中的深度与角度，可以提高跨学科知识的学习效率。

物理、生物和化学知识是我们理解生命现象的基础。它们在知识方面的交叉是最明显的一类交叉形式，也是目前最为大家关注的地方。例如，在光合作用过程中就涉及了光能或太阳能（物理现象）转化为化学能（化学现象），然后贮存在生物体内又转化为生物能（生物现象）的变化过程，中间有许多物质参与，并经历了众多化学变化，如卡尔文循环。一切生命现象基本上都与酶的活动有关，而酶一般都是蛋白质，它具有一般化学催化剂的共同特点，如只需少量即可改变化学反应的速度但不影响化学平衡的移动，而其本身的质和量并不发生改变。但酶还具有一些一般化学催化剂不具备的特点，如专一性。在教学中教师如果能把酶与化学中的催化剂联系起来对比讲授，可以使学生温故而知新，从而更快更好地建立新概念。

高中生物教材中所涉及的学科交叉的知识点，与化学的交叉知识点最为丰富，比如，组成细胞的元素，细胞中的化合物蛋白质、糖类、无机盐，生物膜结构，物质的跨膜运输，活化能，叶绿素的提取和分离，细胞外液的渗透压和酸碱度。这些知识点都与化学密切联系。其中，细胞中的化合物糖类、蛋白质和脂类这几个知识点在化学学科中也要学习，只是学习的角度和生物学不同。另外，很多化学知识是学习生物学的基础，可以帮助理解生物学知识。比如，在《生物1》中学习了细胞中的各种化合物后，得出"生物大分子以碳链为骨架"，可以用化学中原子的核外电子排布的知识理解其本质，而不是停留在由于蛋白质、糖类、脂类和核酸这几类大分子物质都由含碳的单体构成这个表面原因。"相似相溶原理"是化学中学习的物质溶解的一般规律，在进行"物质的跨膜运输"教学时，可以引导学生理解为什么脂溶性的物质容易通过细胞膜；在进行叶绿素提取实验时，可以解释为什么使用有机溶剂作为提取液和分离液。从学科知识的角度统计生物学与化学的交叉内容如表3-4所示。

表3-4 学科知识角度的生物学与化学的联系

内容	生物	化学
细胞的化学成分	构成细胞的化学元素和各种化合物；水的存在形式、生理功能；无机盐的存在形式、生理功能；糖类的种类和生理功能；氨基酸的结构通式、来源及氨基转换、脱氨基作用；蛋白质的化学组成、空间结构、功能；酶的特性	有关化学元素、化合物的知识；水的物理化学性质，水的电离平衡；无机盐的化学性质及对细胞酸碱性的影响；糖类的基本组成和结构、主要性质和用途；氨基酸的组成、命名和化学性质；蛋白质的基本组成和结构、主要性质和用途
细胞的结构和功能	细胞膜的化学组成、结构和功能；原生质层的结构和功能；半透膜	细胞膜的透性；渗透作用
含氮化合物与矿质元素的吸收	矿物元素的存在形式、植物的根对矿质元素（氮、磷、钾等）的吸收和利用	含氮化合物（NO、NO_2、HNO_3）的化学性质；工业上氮肥的生产原理；了解常见的氮肥、CO_2的化学性质及碳酸的电离
光合作用和呼吸作用	光合作用和呼吸作用的概念、过程；ATP和ATP的互变、作用	光合作用和呼吸作用（包括发酵）的化学式、应用和有关计算；可逆反应的特点；ATP和ADP的化学结构和性质
内环境	内环境的组成及相对稳定的意义	pH值；维持血液pH值稳定的缓冲剂

内　容	生　物	化　学
生命活动的调节	生长素的发现、生理作用；激素的种类、分泌作用及应用	生长素的化学成分；合成激素的化学成分；人工合成
遗传和变异	DNA 的化学组成、空间结构；DNA 的复制、RNA 和蛋白质的合成；基因突变的概念、原因及应用	碱基对之间的氢键及形成机理；氢键对化学性质的影响；聚合反应和有关计算；诱发基因突变的化学因素
生命的起源	生命起源的化学进化过程	有关的化学反应
生物与环境	氮循环；硫循环	由硫的氧化物、氮的氧化物引起的酸雨对环境的危害；植物对 SO_2 的吸收及监测环境
	温度效应；CO_2 带来的生态问题；光合作用和呼吸作用对空气中 CO_2 含量的影响；碳循环	大气中 CO_2 含量上升来自化石燃料的燃烧、沼泽地释放的 CH_4 等
	N、P 富集，藻类增殖与死亡及消耗水中的溶解氧等；"赤潮""水华"形成机理及危害	化肥的不合理使用；含磷洗衣粉等的排放等
	臭氧层在环境保护中的作用；紫外线对生物的影响	氟氯烃、NO 对臭氧层的破坏机理及防治问题
	光化学烟雾对环境的污染、对机体的危害	烟雾的成分与形成机理及烃的污染
	重金属 Cd^{2+}、Pb^{2+}、Cr^{3+}、Hg^{2+}、As 等在食物链中的传递、富集与转化	来自电镀厂、废旧干电池及冶金厂的重金属污染
水的基本知识	水存在的形式及不同生物体中水的含量；水在生物体中的功能，重点在植物对水的吸收和利用	水的物理性质、化学性质、电离平衡
化学反应速率和酶的催化作用	酶的生物催化作用	作为影响化学反应速率的因素之一，催化剂能显著地增大反应速率
质量守恒定律	氨基酸分子缩合后，多肽的相对分子质量的计算；光合作用、呼吸作用等方面的计算	化学反应中质量守恒定律
相似相溶原理	物质的跨膜运输中脂溶性的物质容易通过细胞膜的原因；叶绿素提取实验中使用有机溶剂作为提取液和分离液的原因	萃取与分液实验

学科间交叉的渗透要求教师不仅要具备相应的学历资格和扎实宽厚的专业知识,而且要具备跨学科联系的本领和教学指导能力,转变单一的定型化的知识结构,力争成为"通材型""通用型"人才。另外,还要充分利用信息网络技术、现代教育技术为学生提供多方面的综合材料,拓宽学生思路,把各种教学方法、教学手段融为一体,实现教学方法的最佳组合。总之,在课堂教学中实现以下几个转变:① 由狭窄的单学科视角转向多学科视角,由纯学科的教学转入探索学科联系的科际整合,培养学生发散性思维,注重能力的相通性和内在联系。② 由单纯的知识灌输转向以知识为载体来发展学生的智能。③ 由把学生作为知识的容器转向发展学生的创新意识和创新能力等。

"信息技术下蛋白质的生物化学教学"是一个跨学科的课程整合案例。

一、"信息技术下蛋白质的生物化学教学"案例概要

生物与化学学科的很多知识点都具有交叉关系。如果能将生物与化学学科中的这些知识点有效整合起来,再加上信息技术的辅助,必能产生相得益彰的效果,使学生更加高效地将所学知识建构到自己原有的知识体系中。蛋白质作为生物和化学学科中的重点知识,在两个学科中有不同侧重点。高中生物侧重于对蛋白质生理功能的介绍,而高中化学侧重于蛋白质的结构、性质、鉴别等方面。因此,本案例旨在弥补学科知识及学习方法的割裂,将生物与化学学科中有关蛋白质的知识有效整合在一起,注重引导与帮助学生自主建构更加完整的蛋白质知识体系,同时将信息技术学科与自然学科有效整合在一起,学生通过对 Chem3D 计算机软件的学习与使用,亲手绘制常见氨基酸与蛋白质的三维立体结构,可加深对于蛋白质空间结构的认识,体会到信息技术与科学课程整合。

二、"信息技术下蛋白质的生物化学教学"案例概要

恩格斯说:"没有蛋白质就没有生命。"蛋白质对于整个生命界是这么重要。正因为如此,无数科学家都对蛋白质的研究付出

了卓越的努力。他们不断取得辉煌的成就。而在我们的生命界，蛋白质多种多样，功能各不相同，造就了我们生机勃勃的美好世界。因此，本案例希望通过学生对蛋白质的学习，培养对自然界的感恩与敬畏之心。

1. 教材分析

（1）生物学科。

人教版高中《生物1》第二章第二节的主题是"生命活动的主要承担者——蛋白质"。生物科学的许多问题，都要在细胞层面寻求解答；要深入阐明细胞生命活动的规律，必须了解生物大分子的结构和功能。本节课为学生学习后续内容，即细胞这个基本生命系统的结构、物质输入和输出、能量供应和利用，以及系统的发生、发展和衰亡的过程打下了基础。

（2）化学学科。

蛋白质在鲁科版高中化学教材的多个章节都有涉及。《生物1》第二章第二节《生物2》第四章第三节介绍了蛋白质的微粒大小和化学性质，为学生树立结构决定性质、性质决定用途的观念提供了具体的知识支持。

本案例将高中生物与化学学科中有关蛋白质的内容整合在一起，建立更为综合的教学目标，使学生对蛋白质有一个更为全面而系统的认识，从而达到相得益彰的效果。

2. 融合教学目标

（1）知识与技能。

① 能够说出 α-氨基酸的结构特点，理解 α-氨基酸通过形成肽键进而形成蛋白质的过程。

② 了解蛋白质的三维空间结构，对蛋白质作为大分子在空间尺寸上有深刻的认识，了解蛋白质大分子溶液的相关性质。

③ 掌握蛋白质盐析、变性、显色、燃烧有烧焦羽毛味等主要性质及相关用途。

④ 了解蛋白质的主要生理功能并能够正确举例说明。

⑤ 能够通过 Chem3D 软件画出常见氨基酸和简单蛋白质的三维空间结构。

（2）过程与方法。

① 通过小组实验,探究蛋白质的性质,培养创新精神与实践能力。

② 在查阅书籍和网上搜索蛋白质生理功能的过程中,培养搜集信息的能力。

③ 在使用 Chem3D 软件的过程中,培养使用信息技术的能力。

（3）情感态度与价值观。

① 在学习蛋白质生理功能的过程中,认识并逐步认同蛋白质是生命活动的主要承担者,对蛋白质在生命体中所起到的重要作用有较为深刻的认识。

② 在学习氨基酸与蛋白质结构的过程中,树立结构决定性质、性质决定用途的观点。

③ 在感受蛋白质巨大作用的过程中,培养敬畏自然、热爱自然、保护自然的意识。

3. 教学重点和难点

（1）α- 氨基酸形成蛋白质的过程。

（2）蛋白质的相关性质及用途。

（3）蛋白质的主要生理功能。

（4）Chem3D 软件的使用。

4. 课时安排

本案例学生分为 4 个合作学习小组,分 4 个课时进行。

第 1 课时:氨基酸与蛋白质的空间结构;

第 2 课时:蛋白质的主要性质及相关用途;

第 3 课时:蛋白质的主要生理功能;

第 4 课时:Chem3D 软件绘制氨基酸与蛋白质的三维空间结构。

5. 教学设计

第 1 课时　氨基酸与蛋白质的空间结构

通过醋酸溶液溶解鸡蛋壳制得半透膜引入本节课。学生使用制得的半透膜进行淀粉溶液与 NaCl 溶液的渗析实验,对蛋白质的空间尺寸有一个初步的感性认识。随后,教师提问:"为什么蛋白质分子的尺寸这么大呢?它是怎样形成的?"引发学生积极思考,从而引领学生认识α-氨基酸的结构特点以及通过肽键形成蛋白质的过程。在本节的最后,通过 Chem3D 软件绘制的蛋白质三维空间结构图使学生对于蛋白质的印象更加深刻。最后,布置本节课的研究性学习任务"氨基酸在食物中的分布"。

第 2 课时 蛋白质的主要性质及相关用途

本节课的学习内容由学生通过小组合作探究实验进行。学生以鸡蛋清蛋白为原料,分别进行以下实验:蛋白质的盐析实验,蛋白质在酸、碱、加热、乙醇等条件下的变性实验,蛋白质遇到浓硝酸呈现黄色的显色实验,灼烧蛋白质有烧焦羽毛味等实验。了解蛋白质的性质后,让学生讨论这些实验在生产生活中有何用途,加深学生对于蛋白质性质的认识。

第 3 课时 蛋白质的主要生理功能

在本节课的开始,教师引导学生结合课前提供的阅读材料以及对生命活动的认识,分析并总结蛋白质的主要功能。在此基础之上,教师引导学生小组讨论蛋白质在人体及生产生活中的重要用途。讨论之后,每个小组选派小组发言人,向全班同学展示并汇报小组讨论的成果。全班同学就这位学生的发言内容进行提问和讨论。最后布置任务,每个小组课后将本节课讨论的内容汇总成成果报告。

第 4 课时 Chem3D 软件绘制氨基酸与蛋白质的三维空间结构

在前面的 3 个课时中,学生已经学习了α-氨基酸与蛋白质的结构特点、蛋白质的主要性质及用途、蛋白质的生理功能。有了这些作为基础,本节课通过让学生学习 Chem3D 软件绘制氨基酸与蛋白质的三维空间结构,进一步建构学生对于氨基酸与蛋白质空间结构特点的认识。首先为学生展示常见氨基酸结构模型,并用 Chem3D 软件绘制三维空间结构,激发起学生的兴趣。随后,引导学生进入 Chem3D 软件的学习。从学习常用工具栏的使用入手,使学生能够绘制简单的分子,然后学习如何将平面分子转换成三维空间图像。有了这些做基础,接下来引导学生绘制简单多肽和蛋白质的三维空间结构,并进行小组成果展示。

本节课最后,为 4 个学习小组布置研究型学习任务。

第 1 小组:查阅资料,总结哪些食品中富含人体必需的氨基酸;

第 2 小组:探究蛋白质的性质;

第 3 小组:查阅资料,总结蛋白质的性质在生产生活中的应用;

第 4 小组:查阅资料,总结蛋白质生理功能的具体体现。

三、实施后的评价

本案例通过对生物、化学以及信息技术的有效整合,从蛋白质的空间结构、性质及用途、生理功能及其应用等多方面开展教学,使学生对于蛋白质有更加全面与系统的认识。学生通过学习 Chem3D 计算机软件,亲自动手绘制蛋白质的三维空间结构的过程,看到了一个全面而系统的蛋白质知识体系,对于蛋白质的认识与了解更加深刻。从课后学生完成的研究性学习任务来看,学生完成的质量很高,内容全面而系统,不仅是对课上所学知识的一种总结与梳理,同时也进一步丰富和拓展了课堂上所学的内容,很好地培养了合作精神以及搜集整合信息的能力。

第三节 这样对学生进行考前指导

每一次考试,并不仅仅代表着一段教学的结束,也不仅仅代表着一个开始。考试,实际上是教和学的一个过程。我们需要在考试前、考试中、考试后加强指导。

考试是一种能力,包含学生的知识应用、思考习惯和心理调整等方面。这些能力的培养,除了通常的讲座一类的考试指导,还可以利用好考前时间进行指导。考试前,通过广播或者视频,让本学科有经验的教师指导学生各类题目的审题技巧、解题步骤、答题注意事项等。时间不长,指导 3 分钟后马上发卷,让学生演练教师刚刚传授的方法。学生在临阵磨刀中,就会逐渐适应考试,学会考试。

一、理综文综考前指导

1. 第一次理综文综检测考前指导(集备组长:张伟)

各位同学:

你们好。

这是我们第一次进行理综文综检测。相关的注意问题,做以下温馨提示:理综文综考试时间为 2 个半小时,分值 300 分,平均每分钟 2 分,分值高时间紧,请务必注意兼顾正确率与速度!

(1)开考前要总体浏览一遍试题张数、试题结构,确定是否与平日练习时一致,做到心中有数,并确定自己大概的做题顺序。

(2)Ⅰ卷:选择题最好按试卷顺序进行;前 3 道选择题要谨慎,一来按下浮躁的心情,二来避免因匆忙无谓失分;理综用时 50 分钟左右为宜,文综 40～45 分钟为宜,因为选择题每题分值较大,请务必谨慎。选择题答完后建议先涂卡,再做Ⅱ卷,避免忘记或最后来不及涂卡。

(3)Ⅱ卷:答题卡的填写时间以做完一道大题誊抄一题为宜。不建议所有题做完以后一起写答题卡,因为有可能因为时间不够来不及誊抄导致失分;也不建议逐空写答题卡,不利于整体把握题目,也易写错答题卡位置,书写潦草。选修题一定要先用 2B 铅笔在答题卡的指定位置涂好所答题目的题号,再进行答题。理综应注意试题卷上可不写全所有答案,但简单的名词填空和叙述题中的关键字眼应写上,便于前后小问的互相联系以及思路的贯通。文综应注意认真审题后在草稿纸进行答题要点的整理和构建,注意用语规范化、术语化,答案组织序号化、条理化。

(4)所有题目审题必须有勾画、标注,便于理解题意,也是对自己的提醒。

祝大家发挥最佳水平,取得自己满意的成绩!

2. 第二次理综文综检测考前指导(集备组长:李宁)

各位同学:

你们好。

理综文综考试不是单纯地做题,关键在做题中要运筹帷幄,运用适当的策略和技巧,在有限的时间内获取最多的分数。我们有必要了解理综文综考试的技巧,掌握它,让理综文综成为我们"长分"的助力。

（1）理综文综考试要科学安排考试时间。

理综文综三科合一，按分值分配，选择题应安排在 50～55 分钟内完成，非选择题安排 90～95 分钟完成为宜。

做题时，基础题要力争全对，中档题少丢分或者不丢分。中、低档题得分数通常占全卷的 80% 以上。如果你能拿下各学科的中、低档题，就能够获得 600 分。而你有了 600 分垫底的心理优势，再做难题也会有信心攻克。

（2）采取适合自己的答题顺序。

对于多数考生来讲，要在有限的时间内获得比较高的分数，就要学会主动地暂时放弃，暂时放弃费时费力的难题，腾出更多的时间做容易题，拿到更多的分数——田忌赛马不就是这个道理吗？

做题顺序的选择，因人而异。在平时训练中要尽早选定并稳定一种方法。

（3）理综文综考试的技巧介绍。

① 正式开考前要统揽全局，合理安排。从下发试卷到正式开考前有几分钟的阅卷时间，拿到试卷填好卷头以后，要适时浏览整张试卷，查看试卷的容量、难易程度。要看清共有多少道题。通览全试卷的目的是克服"前面的难题做不出，后面的容易题也没时间做"的有效措施，避免在某一道或某一类题目上用时过多，耽误整体考试效果，也从根本上防止了"漏题"。

② 开考后合理分配答题的时间。

一般来说，答题顺序要根据自己对知识的掌握情况，先做自己最擅长和有把握的题，把明显感到有困难的难题做好标记，留到后面来做。排序原则：先易后难，先熟后生。

③ Ⅰ卷选择题答题技巧。

答题时要心态稳定，速度不宜过快：客观选择题都是单选题，难度不大分值又高，是得分的重点关注对象。选择题回答得好与坏对确保基本分的高低至关重要！在检查答案时，如果没有足够充分的理由，不要轻易改动第一次的答案。

审题要细、要慢，做题要快。对于选项是肯定还是否定，要有根据，充分利用单选题的特点，运用好排除法和推理法。

④Ⅱ卷非选择题的答题技巧

要读懂试题,通过对试题所有信息的掌握和分析,搞清楚已知什么,问什么,求什么;学会寻找"题眼"和"关键词";准确定位题目所要考查的"知识点";要注意解题的规范化;要有"分段得分"的意识——答踩点分;答题时要稳扎稳打,力争一次成功。

祝你们发挥出自己最满意的水平!

二、数学考前指导(集备组长:池伟红)

亲爱的同学们:

你们好!

1. 按照试题顺序按部就班答题,尽量在45分钟之内完成选择填空并且要求提高正确率。

2. 充分利用考前黄金5分钟。接到试卷检查完后,直接看选择填空以节省时间。

3. 数学最好做完选择填空后涂卡填答案。

4. 遇到不会的题目时应首先保持冷静,做深呼吸,然后再积极地努力思考,从条件中找出解决问题的线索。

5. 平时测验注重时间的掌控,积极而紧张地做题,把握好时间。平时上课多进行限时训练。

6. 在做数学试题时,首先要注意三点:审清考试题目;计算步骤要计算细心;基础知识不可大意。其实这三点归根结底是要求大家要细心,避免不必要的丢分。从高考数学试题分布上来讲,考试时间有限,而且试题难易程度不等,大家要合理安排考试时间和答题策略。

7. 草稿:一定要注重草稿的清晰度;注意草稿纸的清晰结构化,提醒大家要养成一个好习惯,在考试中可以分区使用草稿纸,这样能够减少很多不必要的时间。

三、英语考前指导(集备组长:兰兰)

各位同学:

你们好!我们的英语考试马上就要开始了。下面就考试说几点注意事项。

1. 利用考前黄金5分钟,气定神闲来应考。英语考试一开始即为听力试题。因此,监考老师发完试卷后,请马上整理好试卷,看有没有缺页或者污损。把第一张听力试卷备好,从思想上和行动上做好准备。在听力试音播放时,浏览听力考题,把题目当中的重点信息进行简单勾画,做到心中有数。

2. 按部就班来答题,不慌不乱全搞定。听力试题后请进行涂卡,并按照试卷试题顺序来做。但如果有适合自己的答题策略,可略微调整顺序,但千万不能漏题。比如,4篇阅读做到第4篇有点思维堵塞时,倒不妨花5钟做一下Ⅱ卷的短文填空题,转换一下思路,便于更好地答题。

3. 阅读理解半边天,认真审题巧作答。高考Ⅰ卷中的4篇阅读应当在25～30分钟时间内全部做完(含涂卡和检查时间)。复习中养成的科学阅读与适当笔记标注的习惯应该在考场中继续坚持下去。

4. 细读斟酌再落笔,轻松应战新题型。在做Ⅱ卷题目时,注意把握考点,也将有助于书面表达的进行。

5. 作文审题需仔细,立意提纲都不缺。书面表达建议用时25～30分钟(含审题、初稿及誊写)。注意书面表达的"遣词造句",并检查语法、大小写、拼写等。

6. 宏观把握大考卷,争分夺秒巧涂卡。注重时间的掌控,积极而紧张地做题。建议做完Ⅰ卷后直接涂卡,以免作文后时间来不及涂卡而出错。

四、语文考场策略(集备组长:许凤霞)

亲爱的同学们:

大家好!马上开始的是本次考试的第一科——语文。

1. 考场心理

要取得理想的成绩,首先要凝神定气,保持良好的心态。认真仔细,沉着冷静。拿出你最好的状态,考出你最好的成绩。

2. 各类题型的答题提示

(1)基础知识。

前5个基础知识选择题需要注意:

读音正误辨别时,注意越是你平常最有把握、人人似乎都这么读的字越要谨慎;错别字正误辨别,通过分析形声字的形旁来推导这个字的含义,再放到这个词语中去判定是否相符。选词填空题宜用"排除法",而且要注意"搭配"问题;成语使用题忌"望文生义"的理解,越是想要你字面理解的成语越要注意陷阱,有时试题中"特别陌生"的成语往往是对的;辨别病句的基本方法是划分句子成分,此外还要回忆常见病句类型,对号入座。

（2）社科文阅读。

社科文阅读先要通读全篇,然后结合题目内容,在原文上动手勾画,划出与题干有联系的关键信息或涉及的句子,一一进行比对。

（3）文言文阅读。

第9题实词用法题主要采用代入比较的方法辨别。

第10题虚词用法题可将其中一个能确定的意义和用法代入另一句来理解,看其是否能与上下文语境相符,从而判定正误。还可以根据它们前后词语的结构关系推断其是否相同。

第11题人物形象分析主要关注两点:是否是这个人说的话做的事,说的话做的事是否表现的是题干中所给的人物特点。本题排除法特别好用。

第12题分析概括要求回归语境,关注细节。

第13题翻译时注意先划出各采分点:关注词类活用、通假字、特殊句式、古今异义词等特殊语法现象。应尽可能直译,讲求字字落实。

（4）诗歌鉴赏。

① 整体把握诗歌,注意题目、作者、注释、意象、直接表情达意的词等。

② 据分值答题,分要点答题。

③ 分析辨别题目考的是什么,做题思路是什么。

（5）现代文阅读。

① 整体把握文章,注意圈点文章信息,如直接表达感情的词句、直接对人物进行评价的词句。

② 据分值答题。语言简洁,要点突出。分条作答。

③ 巧用原文词句作答。

（6）作文。

① 要先仔细阅读作文材料和作文要求。不要将话题扩大化,也不能只取其中一部分,避免以偏概全。

② 文体特征要鲜明。材料尽可能新颖。要有扣题意识。

③ 拟好作文题目。题目能够新颖更好。

④ 书写认真。

⑤ 作文一定要结尾。哪怕只剩下一两分钟，也要保证作文完整。实在想不出结尾内容，可以用重复或改换开头的办法收尾。

3. 答题中注意事项

我们常说细节决定成败。答题中要注意以下问题：

（1）合理安排时间。科学分配时间，避免前松后紧。大致来说是 1 分钟完成 1 分的题目。选择题每题 3 分，大约用 3 分钟的时间；作文 60 分，用时 50～60 分钟。复查试卷和涂卡约为 10 分钟。

（2）看清题干要求，做题前先在题干的关键字眼上做好标记，比如是选择正确的一项还是选择不正确的一项。避免丢三落四，忙中出错。

（3）Ⅰ卷做完后及时涂卡，尽量少改动。涂卡要用 2B 铅笔。

（4）Ⅱ卷的题目，按照题号顺序在各题目的答题区域内作答。即使不会也不要空题，因为空题得 0 分。

（5）Ⅱ卷必须使用 0.5 毫米黑色签字笔书写，不能使用涂改液、涂改胶条。

亲爱的同学们，以上是对大家考前的一点提示。预祝大家取得满意的成绩。

第四节　这样对学生进行考场观察

考试过程中，监考老师除了履行监考职责外，还要从考试心态、答题速度、时间分配等方面进行考场观察并记录（包括时间、考场行为等）。对一些考试能力不高的学生重点关注，及时发现考试过程中学生存在的不良习惯和不科学的做法，跟进指导，促其改正。

一、高三语文考场观察（观察人：许凤霞）

1. 考场观察说明

（1）观察对象。

考场分析对象：理科第一考场的学生，即上次考试 6 科总成绩的级部前 30 名。

调查问卷对象：所教班级中 8 名自愿作为观察对象的学生（文理兼

有）。

（2）主要目的。

观察考场行为对成绩的影响，为下一步教学提供建议。

（3）主要观察。

① 答题时间分配。

② 是否有对题干和原文的圈点勾画意识。

③ 是否能分条作答。

④ 作文写作习惯。

（4）研究方法。

① 观察法：主要是对学生考场行为和考试时间分配进行观察。

② 行为研究法、比较研究法：考试后结合试卷批改情况分析考场行为对成绩的影响。

③ 调查法：发放调查问卷，研究学生对自己写作过程的还原，以便诊断问题。

（5）准备材料。

学生调查问卷，回收整个考场学生的试卷和草稿纸（考前统一发放），考后调取该考场答题卡和成绩。

2. 考场观察记录

说明："绝大多数同学完成"指未完成人数＜5。

（1）总体情况观察。

> 考前5分钟　7人动笔答题，约一半人没有填写试卷、草稿纸相关信息。
>
> 9:00　　　1号直接从第5题开始做，考前5分钟利用充分。
> 　　　　　9号、13～16号从默写开始做。
> 　　　　　9号默写用时大约8分钟，且在其中个别语句的回忆上费时较多，有焦虑感。
>
> 9:07　　　绝大多数学生完成第一大题。
> 　　　　　21号9:12完成。
>
> 9:20　　　绝大多数学生完成第二大题。

	18 号该题用时 18 分钟,时间偏长。
9:35	25 人已完成第三大题。
9:40	绝大多数学生完成古文翻译。
9:48	绝大多数学生完成诗歌鉴赏。
10:08	绝大多数学生完成语言运用。
10:18	2 号最先开始进入作文题,9 号 10:20 开始。
10:30	13 人未进入作文题。
10:35	10 人未进入作文题。
10:37	绝大多数学生进入作文题。
10:40	3 人未进入作文题。
11:00	21 人作文过半。
11:20	6 人还差 200 字。
	16 号仅写了约 300 字。
11:25	7 人未写完。
	3 人作文写完后写题目。
	16 号写了约 600 字。

（2）个例记录。

王宁　30 号（历次考试经常出现答不完题的情况,因此确定为本次考场观察的追踪对象）

9:08	完成第一大题。
9:20	完成第二大题。
9:38	完成第三大题。
9:45	完成翻译题。
	诗歌鉴赏题空过未做。
10:07	完成语言运用题。
10:40	完成阅读题。
11:28	完成作文。
	剩下 2 分钟仓促完成诗歌鉴赏题。

3.考场观察分析

（1）总体情况分析。

① 各题使用时间分析（说明：每题用时是按照绝大多数学生完成各题时间推算出来的）。

第一大题用时 7 分钟，第二大题用时 13 分钟，第三大题用时 15 分钟，诗歌鉴赏用时 8 分钟，作文用时约 50 分钟，这几个题使用时间较合理。

古文翻译两个语句用时约 5 分钟，时间太短。整个考场 30 人中仅有 12 号、19 号在文言语句翻译题中圈画出重要字词。部分学生没有结合语境翻译句子。"今存越示诸侯以仁，救鲁伐齐，威加晋国，诸侯必相率而朝吴，霸业成矣。"参考答案：如果保存越国向诸侯显示您的仁慈，营救鲁国讨伐齐国，威势超过晋国，诸侯必定相随朝拜吴国，吴国的霸业就会成就了。"诸侯必相率而朝吴"一句，不少学生翻译成"诸侯一定会相互率领朝向吴国"，甚至是"诸侯一定会相互率领（率领军队）攻打吴国"，很明显是脱离了语境，且翻译后没有检查是否做到了文从句顺。出现这些问题除了理解能力不够、翻译习惯不好外，笔者认为与本题用时太少有很大关系。

20 分钟完成语言运用，时间偏长；29 分钟完成现代文阅读，用时太多；11:25 尚有 7 人未完成作文。下一步需要加强对这几个题的限时训练。

② 一些考场行为需要加强指导，进一步规范。

考前 5 分钟应该做什么不应该做什么应加强指导。应利用好时间浏览试卷内容，但只能看不能动笔。被教师制止可能会增加心理负担，影响心情。

5 位考生从默写题开始做。从 9 号完成该题情况看，一方面需加强名句默写的复习，另一方面质疑答题顺序的合理性：考试刚开始就发现明显的知识性漏洞是不是会影响考试心理？

3 人作文写完后写题目。教师应该帮助学生养成在指定位置做出明显标记的习惯，避免最后时间紧张的情况下遗漏题目造成无谓失分。

何时涂卡合适？完成选择或完成翻译时涂卡皆可。避免最后时间紧张的情况下忘记涂卡或涂卡仓促造成错误。

（2）个例分析。

文言文选择用时 18 分钟，语言运用用时 20 分钟，现代文用时竟然达到 33 分钟。应主要在这 3 个题上加强限时训练。

3. 分条作答情况记录及分析

考场观察：现代文阅读 11 人没有分条作答，诗歌鉴赏 12 人没有分条作答，且两题没有分条作答的学生基本重合。

考场分析：需要在答题规范上进一步强化。

4. 圈画意识

（1）整个考场对题干和文本的圈画意识整体较好。

考场分析：诗歌鉴赏圈画出注释中的信息，从而能知人论世，明确诗人的家国之思，保证了答题方向的准确性。

（2）整个考场 30 人中仅有 12 号、19 号在文言语句翻译题中圈画出重要字词。可见，翻译句子按点得分的意识有待加强。

考场分析：有考生没有圈画出题干"这首诗的首联主要运用了怎样的艺术手法"中的关键词"首联"，因而列举了颔联中的"长得看来犹有恨"，造成无谓的失分。从批改情况看，不止一位考生出现这样的错误。

5. 考场写作习惯研究

考后，笔者收取了该考场所有学生的试卷、草稿纸，提取了该考场的答题卡，并在所教的两个班级（一文一理）中寻找志愿者发放了 8 份调查问卷，对学生作文的答题过程和分数进行进一步的观察分析。

（1）调查问卷数据分析。

问：在用文字展开文章的过程中，你遇到哪些困难？可多选（畏难；没有思路；缺乏材料；开不了头；安排不好段落；收尾很困难；表达贫乏；词不达意；根本不知道自己写了什么或其他）。

问：你认为作文过程中特别关注哪些问题会赢得阅卷老师的青睐？

数据统计：

3 人认为困难在于缺乏材料；

8 人都认为困难在于表达贫乏；

6 人认为语言有文采会赢得阅卷老师的青睐。

数据分析：学生重视语言表达的作用，但在这个方面普遍感到困难。所以在下一步教学中应加强提高语言表现力的练习。

问：拟定标题并写在答题卡上，是在成文之前还是成文之后？

问：所写的标题，是随意写一个还是认真选择？

数据统计：

2人成文之后拟定标题，2人随意写一个标题。

数据分析："花香蜂自来，题好文一半。"必须根据实际情况，紧扣材料和要求，在准确简洁的前提下，力求生动形象、有创意、富有表现力，拟制出让阅卷者一见倾心的标题来。满分的作文，大都会有一个先声夺人的标题。但学生对标题的重视程度往往不够，拟题的技巧不足。在下一步的教学中要从意识上指导，从方法上点拨。

问：如果重写这篇文章，你觉得哪些地方还可以做得更好？（从审题、立意、选材、组材、表达、书写等方面）

数据统计：5人选择"书写"。

数据分析：针对书写的问题，笔者认为主要是从限时训练和拟写作文提纲上做文章。时间不够自然保证不了书写质量；而没有拟写作文提纲，从而造成边写边改、涂改过多的问题，自然也会影响卷面的整洁。

（2）作文提纲拟写情况与成绩的比对。

数据统计：考场30人中13人无提纲，10人有简略的提纲，7人有较详细的提纲。

数据分析：无提纲的13个学生中随机抽取了座号3、4、7、9、12这5个学生作文成绩，平均分47.2。

有较详细提纲的7个学生座号为2、6、10、11、18、27、30。2号考生作文偏离题意。其余6个学生作文平均分50.2。

作文阅卷老师反馈：本次作文从整体上看结构不清情况依旧比较明显。从数据统计情况看，有较详细提纲学生的作文平均分明显高于无提纲学生的平均分。

学生写作文，往往对想写的材料不作全面安排，想到哪里就写到哪里。这种随想随写、随写随想的情况，容易造成条理不清，层次混乱，或者遗漏了某些主要内容，或者颠倒了材料的次序，或者出现节外生枝的情况，或者发生详略不当的毛病……有的时候甚至写不下去，卡了壳。因此，在写作中必须引导学生重视编写作文提纲。

反思我们前期的复习备考,虽然反复强调过列提纲的重要性并有所指导,但是指导得并不细致。为此,我们将在二轮复习备考的过程中,重新指导学生在正确审题立意的基础上,分文体立纲起草,帮助学生梳理思路,升格作文。

二、高三理综考场观察(观察人:张伟)

1. 考场说明

本次考试按班级排考场,所观察为高三(1)班考场,班级理综成绩处于级部中上游。本次参考人数 26 人,按平日理综成绩分为 A 组(16 人,平日理综成绩较好)和 B 组(10 人,平日理综成绩有待提高)。

2. 考场情况记录表

见表 3-1。

3. 后期复习建议

(1)狠抓基础知识,让学生会做的一定得分。

(2)锻炼审题能力,在平时教学中多讲多归纳不同类型题目审题的要点,使学生真正学会审题。

(3)理综还需要再训练,学生对于答题策略还需要定期训练以熟悉、巩固。

(4)二轮建议进行选择题定时专项训练(可利用午自习时间)和 7+3+1 训练(几乎是一整节课)。

第五节　这样培养学生考后反思能力

考试后,教师一般都会让学生做考后反思。但好多学生实际上不知道应该反思什么,常常变成新式"反思八股文"。教师可以制定反思表格帮学生学会反思,学会学习,进而强化反思意识,形成反思习惯。学生只有考试后认真进行反思总结,每一次考试才会发挥它应有的效用。

根据要关注的目标的不同,问卷设计也应该不同。从学生的角度,制定对试卷错误归类和对考点知识进行强化的两种类型的反思表;从教师的角度,制定帮助教师了解学情、考情的反思表并完成调研。

表3-1 理综考场观察记录表

时间	考场情况记录		复习、应试策略建议
	普遍情况	特殊情况	
考前准备阶段	提前7分钟发卷，学生贴条形码，写姓名等，一半学生观察试卷结构，确定物化生各自的题目顺序和题号，简单记录在理综得分分析表中。		考前应该总体浏览一遍试题张数、试题结构，确定是否与平日练习时一致，做到心中有数，并确定自己大概的做题顺序，安定军心。不要一上来就做题，虽然可以强得3～5分钟，但是不利于整场考试。
4:00	考试开始。25人从选择题开始按顺序完成。	A组1人从28题（生物Ⅱ卷第4题）开始。（此题因图不清晰，开考前投影了清晰图）；A组1人从第7题（化学选择第1题）开始。	①选择题最好按试卷顺序进行。
4:06	16人已完成前5道选择题（生物），在第6题耗时较多。		②前3道选择题要谨慎，一来按下浮躁的心情，二来避免因忙而讲失分。
4:10	8人开始做化学选择题（A组5人，B组3人）。		③20道选择题用时50分钟左右为宜，因为选择题每题5～6分，需要兼顾正确率与速度。
4:12	大多数学生已完成生物选择题。	仅有3人未完成（均为A组）。	④生物选择题用时较之前考试合理。用时12分钟左右适宜，但前5道选择题用时太少，导致错误率高。
4:22	7人做完化学选择题（A组5人，B组2人）。	A组2人做题无勾画、标注。	⑤化学选择题用时18分钟左右较合适，即考后30分钟完成生物和化学的选择题。

续表

时间	考场情况记录		复习、应试策略建议
	普遍情况	特殊情况	
4:30	①大多数学生已完成化学选择题。 ②23人按顺序继续完成物理选择题。	①仅4人未完成化学选择题(A组2人,B组2人)。 ②A组3人跳过物理选择题,其中1人先做Ⅱ卷第25题(生物第1题),1人先做Ⅱ卷选修,1人先做Ⅱ卷第23题(物理第23题)。 ③B组1人已完成所有选择题,跳过Ⅱ卷物理题,先做Ⅱ卷第1题(生物第1题)。	⑥选择题答完后建议先涂卡,再做Ⅱ卷,避免忘记或最后来不及涂卡。 ⑦大多数学生做题时有勾画、标注,可见平时训练到位,有效,但仍有2人只用眼睛看题,不做任何标注。
4:45	①大多数学生已完成物理选择题。 ②只有7人做完选择题后马上涂卡。 ③大多数学生仍旧按试卷选择题号顺序开始做Ⅱ卷。	①仅有3人未完成(A组1人,B组2人)。 ②7人跳过Ⅱ卷物理题,先做Ⅱ卷第29题(化学第1题),1人先做物理第1题),1人先做Ⅱ卷第25题(生物第1题)。 ③A组2人做题毫无规律、貌似随机做题……	①理综Ⅱ卷题共19道,每道题都占篇幅较大,一般为9页。如果没有规律随机做题,会很混乱,也容易写错答题位置,建议有自己固定的做题顺序。 ②做题的顺序可以采取以下三种: a.按试卷顺序做题,此方法适合三科成绩较均匀的学生,遇到难题要果断舍弃,这种方法不用来回翻卷子,操作简单;b.先做三科适合自己、易得分,先选合从易到难的选修,一般选题难度不大,易得分;c.按科目选择做题顺序,也避免因时间来不及而失分,如这次有些学生采用先生、化、物的顺序,或其他合适的顺序。此方法适合针对自己的优势学科确定做题顺序的学生。

续表

时间	考场情况记录		复习、应试策略建议
	普通情况	特殊情况	
4:45	①大多数学生已完成物理选择题。②只有7人做完选择题后马上上涂卡。③大多数学生仍旧按试卷题号顺序开始做II卷。	①仅有3人未完成(A组1人，B组2人)。②7人跳过II卷物理题，先做II卷第25题(生物第1题)，1人先做第29题(化学第1题)。③A组2人做题毫无规律，貌似随机做题……	③生物II卷学生大多看着边书写答题卡。④答题卡的书写时间以做完一道大题誊抄一题为宜。不建议所有题做完以后一起誊抄题卡，因为有可能因为来不及誊抄导致失分；也不建议逐空写答题卡，不利于整体把握题目位置，也易写错答题卡位置，书写潦草。⑤试题卷上可不写全所有答案，但简单的名词填空和叙述题中的关键字眼应写上，便于前后小问的互相联系以及思路的贯通。⑥审题必须有勾画、注释，便于理解题意，也是对自己的提醒。因为每道题目都较长，很容易做着后面的就忘了最前面的题干信息。⑦每道题所耗用时一般以每分钟得2分为宜，即物理必做题共用时30分钟左右，生物必做题25分钟左右，化学必做题30分钟左右，选做题每题5~6分钟，共计100分钟，此时的考试结束时间已到。
4:50	大多数学生边做题边小题填写答题卡。	A组有2人试卷上没有做题痕迹，直接写到答题卡上。A组有1人做完2~3道大题后一起誊抄答题卡，1人22题全部做完，但是只是誊抄完一半就开始做第23题了。	

续表

时间	考场情况记录		复习、应试策略建议
	普遍情况	特殊情况	
5：00	大多学生还在做物理题，一般进行到第23题。	B组2人部分放弃第23、24题（物理），改做第25题（生物）。	
5：15	按试卷顺序做题的大多学生已开始做第25题（生物）。	只有A组6人还在做第23或第24题（物理）。	
5：20	II卷选择从生物题开始做的学生大都已完成生物II卷题，开始做第29题（化学第1题）。		
5：25	部分学生已开始着急。按试卷顺序做题的学生大都做到第30题（化学第2题），还有1～2道必做题、3道选做题未做完，先做生物和化学的学生基本在做第23题（物理第3题）。	只有A组2人还在做第24题（物理）。	
6：00		A组2人做题不写答题卡，留到最后一起抄。	
6：15	①老师提醒考试离结束还有15分钟，请注意留制考试时间和填涂选择题，此时部分学生才开始涂卡。②大多数学生开始做选修题。其中大都末做完第31题（化学第3题），只是因时间问题，匆忙开始做修选题。	①仍有8人未涂卡。②B组1人匆忙间漏掉第22题部分答案，没有抄到答题卡上。	

续表

时间	考场情况记录		复习、应试策略建议
	普遍情况	特殊情况	
6:25	大部分学生已经涂完选择答题卡,在回头补写之前空过去的题目。3位学生已完成全部试题,开始检查。		留最后5分钟做机动时间,可用于检查,也可用于补做之前空过去的题目。
6:29		2位学生已放弃没做完的题(A组1人,B组1人)。	就本次考试来说,学生已经连续考了一整天,特别是下午考了5个小时,只休息15分钟确实是很累了。这种情况在高考中是不会出现的,但是仍要教育学生不到高考结束的铃声不要停止,不能放弃任何再得分的机会。这其实也是高三辛苦的一个缩影,"成功可能就在最后的一点坚持"。
6:30	大多数学生听从指挥停止答题。	A组2人仍不停止,拖考被制止。	必须遵守考试纪律,务必务必!

一、错误归类的考后反思

目前最常见的考后反思集中在引导学生对于自己的错误进行归类分析，如表 3-2 所示。这种方法对于学生纠正非智力因素所造成的错误，具有比较高的指导价值。知识方面产生的问题，可通过归类分析之后进一步整理提升，自选典型题目进行思路解析、规律总结和类题训练。

表 3-2　纠错笔记

时间		满分值		个人得分	
整理用时		基本评价			
反思内容				分　析	整改措施
1. 因审题不仔细造成失分的试题是哪些？各占多少分数？					
2. 因书写不规范造成失分的试题是哪些？书写不规范的具体内容是什么？各占多少分数？					
3. 因知识模糊，独立完成时没有做对，下发后找出错因并能够正确解答的试题是哪些？分别列出产生错误的题号和知识点。					
4. 确因不会做而失分的试题是哪些？涉及哪些知识点或什么学科方法？					
5. 从作业或检测情况反映出自己应重点解决的学习问题有哪些(知识、方法、习惯)？					
6. 就作业、随堂检测和目前学习,你希望得到教师哪些方面的指导？主要解决什么问题？					

二、考点知识的考后反思

考后反思时，如果具体到学科知识方面的薄弱环节，需要引导学生先查找，后弥补。教师可要求学生将检测试题中的错误按照考点和知识类型进行归类。如果学生驾驭考点提炼的能力有限，教师可以列出考点标题备选。学生紧扣考点发现自己的问题，然后回头查阅学习阶段或复习阶段已经训练过的同种类型的题目。这个环节往往需要回归在不止一本教参书上。通过"温故"提炼方法或者规律，达到查缺补漏的目的，如表 3-3 所示。

表 3-3　化学阶段性检测错题回归

（《物质结构与性质》第 1 章"原子结构"和第 2 章"化学键与分子间作用力"）

姓名		完成所需时间			检测分数			
考　点		知识类型（识记、理解、应用）	检测题目	回归《教参 1》		回归《教参 2》		方法或规律总结
				页数,题号	思路简述	页数,题号	思路简述	
原子结构	原子结构发现史							
	原子或离子的电子排布							
元素周期表	元素周期表的结构							
	元素周期表与原子结构							
元素性质	元素的化合价							
	原子或离子半径							
	电离能							
	电负性							
共价键	共价键的分类							
	键能和键长							
	共价键与物质性质							
	配位键							
分子的空间构型	杂化方式							
	分子的空间构型							
	分子的极性							

考 点		知识类型（识记、理解、应用）	检测题目	回归《教参1》		回归《教参2》		方法或规律总结
				页数，题号	思路简述	页数，题号	思路简述	
离子键、金属键	化学键类型的判断							
分子间作用力	范德华力与物质性质							
	氢键与物质性质							

三、考情调研的考后反思

在考场观察中，教师不方便直接监测或者监测不到的特定内容，可由学生在考试结束后进行回顾，教师汇总信息进行分析，而后对学生进行专项指导。例如，语文作文及数学试卷完成情况的大量信息，单靠教师在考场上观测是没有办法做到详细、具体的。教师可以分别设计高三学生考场作文写作过程观察分析问卷及高三质量检测数学试卷调查问卷，了解更多情况。

高三学生考场作文写作过程观察分析问卷

调查时间： 年 月 日 调查人：

下面这张问卷，目的是为了还原你写作的过程，希望你借助回忆尽可能完整、真实地呈现一篇文章的写作过程，以便于老师的诊断、指导。

姓名：_____ 性别：_____ 班级：_____

写作过程还原（从你看到作文题目到写完最后一个字的全部过程）：

1. 你阅读题目、理解题意花费了多少时间？ _____；

在这过程中都想到些什么？（如果什么都没有想,就回答"无"）

_____

_____

关于题目的联想（比如:是否读过、写过类似的文章？）:_____

关于文体,我写的是_____,因为_____

2.（选择并在该词上画√）

① 动笔之前你打腹稿吗？ 是 / 否

② 你列提纲了吗？ 是 / 否

③ 如果写了,是详 / 略的。

④ 提纲写在草稿纸 / 试卷上。

⑤ 真正动笔之前总共花了几分钟？_____

⑥ 你在草稿纸上写开头或结尾了吗？ 是 / 否

⑦ 你所写的作文题目是_____。

⑧ 你拟定标题并写在答题卡上,是在成文之前 / 成文之后。

⑨ 所写的标题,是随意写一个 / 认真选择。

⑩ 你所感受到的困难是_____。

3. 在用文字展开文章的过程中,你遇到哪些困难？可多选（畏难;没有思路;缺乏材料;开不了头;安排不好段落;收尾很困难;表达贫乏;词不达意;根本不知道自己写了什么或其他）。

动笔过程中还有哪些调整？（从题意、立意、结构、材料、表达、拟题等方面考虑）_____

4. 你认为作文过程中特别关注哪些问题会赢得阅卷老师的青睐？

_____

_____

5. 写完后,你重新读了一遍吗？ 是 / 否

是否做了调整？ 是 / 否

如果进行了修改调整,修改调整了哪些方面？（立意或论点、结构布局、错别字和病句、书写等;重写了一篇或几段）

如果重写这篇文章,你觉得哪些地方还可以做得更好？（从审题、立意、选材、组材、表达、书写等方面考虑）

6. 你觉得自己考试中的作文存在哪些障碍？请罗列在下面横线上。

_____

_____

高三质量检测数学试卷调查问卷

班级：_____　　姓名：_____

亲爱的同学们，在刚刚结束的考试中，你一定有收获，也会有缺憾。那就请你拿起笔来，将这些经验和教训总结一下吧。

一、从进入高三到这次考试，你是否在积极进行一轮复习？（　　　）

　　　A. 全身心投入　　　　　　　　B. 70%地努力

　　　C. 50%地努力　　　　　　　　D. 很不努力

二、对这份试卷的整体评价

1. 你感觉整份试卷的题型与你平日的复习吻合吗？（　　　）

　　　A. 很吻合　　　B. 基本吻合　　　C. 不吻合

2. 你做完题后感觉有多少题目有把握？（　　　）

　　　A. 80%以上　　　　　　　　　B. 60%～80%

　　　C. 40%～60%　　　　　　　　D. 40%以下

3. 你能顺利做完题吗？（　　　）

　　　A. 做完后还有检查一遍的时间　　B. 基本刚好做完

　　　C. 一少部分没做完　　　　　　　D. 一半没做完

三、对选择题的评价

1. 对自己解答满意的题号（可多个）（　　　　　　）

2. 对自己解答不满意的题号（可多个）（　　　　　）

3. 完全是主观猜测的题（可多个）（　　　　　）

4. 做选择题的经验或教训：

四、对 II 卷的调查

1. 对自己解答满意的题号(可多个)(　　)

2. 你的计算题成功解答的原因(可多选)(　　)

  A. 思路清晰　　　　　　　　　B. 公式运用娴熟

  C. 数学运算好　　　　　　　　D. 其他(请写出)

3. 对自己解答不满意的题号(可多个)(　　)

4. 你的计算题的解答的主要障碍是什么?(可多选)(　　)

  A. 思路不清晰　　　　　　　　B. 公式忘记

  C. 数学运算不好　　　　　　　D. 其他(请写出)

五、打算和建议

1. 通过本次考试,你今后的打算是什么?

2. 对老师和学校有哪些建议和要求?

参考文献

[1] 陈心中. 关于开发高中化学"微课"教学设计的几点思考 [J]. 中学化学教学参考,2014(11):16-17.

[2] 杨如荣. 高中化学微课的开发与探索 [J]. 考试周刊,2016(85):142-143.

[3] 沈玉红. 化学教学之"微力量"——浅谈"微课"在化学教学中的应用 [J]. 化学教与学,2015(05):9,47-48.

[4] 王佳丽. 基于自主学习的中学化学微课案例设计与应用 [D]. 烟台:鲁东大学,2014.

[5] 孙楠. 初中化学微课资源的开发和研究 [D]. 济南:山东师范大学,2016.

[6] 刘岩. 微课在高中化学教学中应用的初步探索——以"乙醛"教学的微课应用模型为例 [J]. 化学教育,2015,36(11):22-25.

[7] 魏书生. 班主任工作漫谈 [M]. 桂林:漓江出版社,1993.

[8] 魏书生. 家教漫谈 [M]. 桂林:漓江出版社,1996.

[9] 魏书生. 魏书生文选 [M]. 桂林:漓江出版社,2002.

[10] [美] 彼得·德鲁克. 卓有成效的管理者 [M]. 许是祥,译. 北京:机械工业出版社,2009.

[11] 逄淑萍. 把考试当作教和学的一个过程 [J]. 山东教育,2014(Z2):55-57.

[12] 相佃国. "板块式问题组教学设计"在高三复习课中的运用 [J]. 化学教学,2012(02):15-17.

[13] 琚妍妍. 高中化学习题讲评课的实践研究 [D]. 新乡:河南师范大学,2012.

[14] 何克抗. 如何实现信息技术与教育的"深度融合" [J]. 课程·教材·教法,2014,34(02):58-62,67.

[15] 卢颖智. 中学化学迷思概念转变策略研究 [J]. 中学化学教学参考,

2011（03）：13-15.

[16] 王玲玲,毕华林.化学学科中物质三重表征的教学策略[J].中学化学教学参考,2006（03）：8-10.

[17] 毕华林,黄婕,亓英丽.化学学习中"宏观—微观—符号"三重表征的研究[J].化学教育,2005（05）：51-54.

[18] 刘勋.化学新教材中"活动·探究"栏目的使用与思考[J].中学化学教学参考,2011（Z1）：39-40.

[19] 方扬平.谈化学新课程教学中真实而有意义的学习情景之创设[J].化学教与学,2013（11）：35-37.

[20] ［美］迈克尔·W.阿普尔.意识形态与课程[M].黄敬忠,译.上海：华东师范大学出版社,2001.

[21] 刘铁芳.守望教育[M].上海：华东师范大学出版社,2005.

[22] 王兴龙.给后进生的五堂课[J].班主任之友,2006（01）：29-30.

[23] 康毅仁.海尔是海[M].北京：民主与建设出版社,2002.

[24] 相佃国."80后"高中化学教师的教学现状调查[J].化学教育,2011,32（07）：48-49,53.

[25] 沈毅,崔允漷.课堂观察：走向专业的听评课[M].上海：华东师范大学出版社,2008.

[26] 崔允漷,沈毅,吴江林.课堂观察2：走向专业的听评课[M].上海：华东师范大学出版社,2013.

[27] 祝智庭,闫寒冰.如何评课[M].上海：华东师范大学出版社,2009.